修験道という生き方

宮城泰年　田中利典　内山節

新潮選書

まえがき

役小角《えんのおづぬ》（役行者《えんのぎょうじゃ》）を開祖とし、日本に古くからあった自然信仰と、古代に日本にもたらされた仏教、道教思想が習合するかたちで生まれた修験道《しゅげんどう》は、今日なお、日本列島に暮らす人々のなかに深く刻み込まれた精神文化でありつづけている。

このように述べると、困惑される方も多いかもしれない。ほとんどの人たちにとって修験道は、一般のお寺や神社のように身近なものではない。そればかりか、キリスト教や明治以降生まれた新しい宗教ほどの接点さえ存在しない。今日では修験道は白装束の山伏――山に伏し、野に伏して修行することから、修験道の行者は山伏と呼ばれるようになった――たちが、山を歩き、滝に打たれる姿を書籍やテレビなどで目にすることがある、という程度の遠い存在でさえある。修験道の修行を積む者を修験者、山伏と呼んだりするが、千日間山を歩き続ける千日回峰行《かいほうぎょう》を成し遂げた人が、ときおりニュースで取り上げられているのを知る、というくらいのものだろう。一体なぜ修験道は私たちの身近な存在ではなくなってしまったのだろうか。

明治時代に入ると、修験道は禁止され、明治政府によって強制的に解体させられていった。それからも関西などでは地下水脈のように生き残ってはいくが、修験道が信仰集団として表舞台に再登場するには、信教の自由をうたった戦後憲法が発布される昭和二十一（一九四六）年を待たなければならなかった。全国的にみればこの歴史が、修験道を身近なものとして感じさせる条件を失わせた。修験道にとって近代の歴史は、ときの権力によって解体させられていった歴史であった。

だが、にもかかわらず、私たちの精神の奥底には、修験道とともに展開した日本列島に暮らす人々の精神文化が息づいている。私たちは自然に対して清浄なものを感じ、手を合わせたくなるときがある。あるいは自然に霊力を感じとるときもあるだろう。人間がもっている身勝手さや傲慢さに嫌気がさすときもある。自然に還りたい、自然の身近にいる人間として生まれ変わりたいという夢を抱くときもあるかもしれない。さらには経済や政治的なものに介入されない純粋な結びつきを求める気持ちもどこかにある。

修験道はそのような人々の願いとともに展開してきた。それは庶民に寄り添う信仰であり、庶民の願いから離れることのない信仰であった。あるいはそれは自然への思いを共有する共同体とともに展開した信仰でもあった。とすると今日の私たちの精神の基層にも、修験道から受け継いできたものがあるということになる。

それればかりか、最近では修験道に関心をもつ人々が日増しに多くなっている。一般公募をして先達たちが山に連れて行く、公募修行への参加希望者も増えてきた。女性や外国人の参加者も多い。山岳修行には一泊二日程度のものから、奥駈《おくがけ》（峰入りと呼ぶ山もある）のように一週間を超えるものもあるが、現在では各地の霊山とともにある修験道の寺などでは、ホームページ上でも山岳修行の公募をおこなっている。

民衆が自発的につくる信仰グループとして生まれた組織である講を基盤として、講単位で山に行く江戸時代からのかたちは弱まってきたが、修験道に関心をもち、ときに修行に参加する新しい人たちは増えてきているのである。そしてそれは、近代＝現代的世界で生きることへの限界感の高まりとも関係している。

今日では自然を征服し、管理しようとした近代の歴史に限界がみえてきた。そのひとつの象徴的な出来事が、平成二十三（二〇一一）年三月の福島の原子力発電所の爆発事故であった。それは科学者や一部の専門家に全権を与えた社会の危険性を教えた出来事でもあり、人間たちが自然への謙虚さを失った時代の産物でもあった。このような経験をへて、いま私たちは、人間は自然に許された生き方を再確立しなければいけないのではないかという思いを抱いている。とともに現在私たちの前にあるのは、個人主義の社会の行き詰まりであり、ともに生きることを忘れた荒廃した社会である。それは孤独な個人を生みだしたばかりでなく、今日の非正規雇用の広がりにも現れているように、他者を犠牲にしながら自己の利益を守る社会をつくりだしてしまった。今日とは、近代の行き詰まりとでもいうべき現象がいろいろなところで現れてきている時代である。こうして、私たちには、何処で、何を間違えたのかという思いが静かに広がりはじめた。この時代状況のなかで、人々の関心を再び集めはじめた修験道は、いま何を語ることができるのだろうか。

奈良の吉野の古刹に金峯山寺《きんぷせんじ》がある。大峯の山々へとつづいていく峰の上にある役行者ゆかりの寺である。大峯とともにある三体の蔵王権現《ざおうごんげん》をいただく寺で、役行者が大峯山中で感得した蔵王権現を桜の木で彫ったと伝えられることから山桜がご神木となり、いまも山桜を奉納する人が絶えない。そのこともあって金峯山寺のあたりの山は、春には桜の花に包まれる。ここは古代からの桜の名所でもある。この金峯山修験本宗の総本山である金峯山寺で宗務総長を長くつとめていたのが田中利典《りてん》さん（現在は金峯山寺長﨟《ちょうろう》）である。

この金峯山寺とともに今日の修験道の軸になっている寺に、本山修験宗総本山の聖護院門跡《しょうごいんもんぜき》がある。聖護院は天台宗寺門派の総本山である滋賀県大津の園城寺《おんじょうじ》（通称・三井寺《みいでら》）とのつながりをもつ寺で、京都御所にほど近い、背後に東山がみえる京都市中の寺である。かつてはこの寺に朝廷がおかれていた時期もあり、代々の門主《もんす》は皇室から入ることも多かった。修験道は江戸時代に、天台系の本山派修験と真言系の当山派修験に幕府の命令で集約されたこともあり、今日もなお聖護院とともに生きようとする修験道系の寺院、修験者は多い。この聖護院で門主をつとめているのが宮城泰年《みやぎたいねん》さんである。

修験道はもともと霊山ごとに独立した性格が強く、吉野・大峯はむろんのこと、山形県の出羽三山（月山、羽黒山、湯殿山）、高尾山（東京都）、二荒山《ふたらさん》（栃木県）、御嶽山（長野県、岐阜県）、彦山《ひこさん》（福岡県、大分県）などもそれぞれが独立した性格をもっているがゆえに、修験道はなおさらわかりにくいものになっている。

だが、そのような一面をもっているとしても、修験道はいま語らなければいけない時代を迎えているのだと思う。近代の限界がみえてきている時代に、近代史によって葬り去られようとした日本の自然信仰、山岳信仰であり、合理を超えた生命の飛翔を民衆とともにみいだそうとしてきた修験道とは何なのか。

本書は、金峯山寺の田中利典、聖護院の宮城泰年と、哲学を専攻する内山節《たかし》の鼎談をもとにつくりだされた。鼎談は、二〇一一年十一月十七〜十八日、奈良県の金峯山寺、京都市の聖護院にて行われた。内山が文責を負うかたちで文章化し、序章として内山が修験道の歴史を俯瞰する章を加えた。序章には、日本仏教の成り立ちも含めたため少し長くなってしまったが、53ページの鼎談から読み始めていただいてもわかる構成になっている。

出来るだけ注釈を加えず読みやすいかたちをとったが、簡単な語句の説明は括弧内に記した。また、鼎談の中で紹介された人々の肩書きは、本書刊行時のものに統一した。

内山節

修験道という生き方　目次

修験道という生き方

序章　仏教と修験道

自然信仰と仏教、道教

日本で生まれた独特の信仰である修験道は、一般的には、六〇〇年代後半に役小角によって開かれたとされている。平安時代に入ると役小角は役行者とも呼ばれるようになった。

ここで「一般的には」と述べたのは、修験道のなかに流れている日本の自然信仰の起源は、それよりはるかに古いと思われるからである。縄文時代からつづいていると推測する人もいるし、もしかすると日本列島に人々が住みはじめたときにまでさかのぼることが出来るのかもしれない。当然ながらこのような古い時代の精神文化を明らかにする文献は存在しないから、このことはおおらかに推測しておくほかない。

といっても修験道の始原に、日本の自然信仰があることは確かだ。その意味では水脈としての修験道は、役行者以前から存在していた。さらに、もうひとつ大きな出来事があった。五〇〇年代に入ると、大陸から仏教が伝えられてくる。公式的な仏教の伝来は五三八年（異説もある）に百済《くだら》から伝えられたとされているが、その頃には渡来人たちがもってきた非公式な仏教も伝えられていたのかもしれない。そのあたりのこともよくわからないが、五〇〇年代にはこの伝来の思想と古くからあった自然信仰との習合がすすんだのではないかと思われる。さらに渡来人たちは、中国で老子や荘子によって確立された道教思想ももちこんでいた。日本では教団としての道教は成立しなかったが、自然の力を借りて不老長寿をめざす神仙思想や桃源郷の思想、仙人を理想のひとつとする思想は古くからもちこまれている。

古代の日本には山林修行という言葉があった。山のなかに非公式な修行の場がつくられていたのである。それが民衆の仏教的修行の場であったのか、道教的な色彩が強かったのかなどもわからないが、おそらくは自然信仰を土台にもち、仏教、道教とも結びついた民衆世界の信仰文化として形成されていたのだろう。役行者も山林修行の霊場で若い頃修行をしていたと伝えられている。

そういう土壌から六〇〇年代後半に生まれてくるのが修験道である。修験道は古来の自然信仰を受け継ぎ、それが道教の「無為自然《むいじねん》」（おのずからのままに＝しぜんのままに生きる）思想とも融合しながら、大乗仏教の思想をも取り込んでいくかたちで成立した。

伝承によれば役小角は三輪氏の系統の加茂氏の出で、六三四年に生まれたとされる。孔雀明王《くじやくみようおう》の呪法《じゆほう》（インドに生まれた初期密教の呪術。インドでは孔雀は蛇の毒を消去する能力があるとされ、孔雀明王の呪法はさまざまな害毒を消し去る力があるといわれてきた）を会得し、現在の奈良県と大阪府の境に聳える葛城山《かつらぎさん》で修行したと伝えられる。さらに奈良県の吉野の奥に広がる大峯山中での修行中に蔵王権現（インド、中国には存在せず、日本で生まれた仏。修験道では蔵王権現を本尊として祀る寺がいくつもある）を感得し、修験道の開祖となった。

役小角については、朝廷の公式歴史書のひとつ、『続日本紀《しょくにほんぎ》』に、文武天皇三（六九九）年の出来事として次のような記録が残されている。

「五月二十四日　役《えん》の行者小角《ぎょうじゃおつぬ》を伊豆嶋《いずのしま》に配流した。はじめ小角は葛木山《かずらぎやま》に住み、呪術をよく使うので有名であった。外従五位下の韓国連広足《からくにのむらじひろたり》の師匠であった。のちに小角の能力が悪いことに使われ、人々を惑わすものであると讒言されたので、遠流《おんる》の罪に処せられた。世間のうわさでは『小角は鬼神を思うままに使役して、水を汲んだり薪を採らせたりし、若し命じたことに従わないと、呪術で縛って動けないようにした』といわれる」（『続日本紀（上）　現代語訳』宇治谷孟　講談社学術文庫）

その後、七〇一年に配流を許され、その年に箕面・天上ヶ岳で昇天したといわれている。

文献のない信仰

役行者は修験道の開祖といわれながら、一行の文献も残していない。修験道は山での修行がすべてであり、知の領域で学ぶ信仰ではない。今日的な表現をすれば、「徹底的に身体性に依拠した信仰」である。知で生きる人間から身体で生きる人間へと自己を変えながら、身体と自然の一体化を得て自然的人間として生まれ変わることをめざした信仰だといってもよい。文献で学ぶ信仰ではないから、役行者が開いたといわれながら、文献的には不明なことが多い。おそらくははるか昔から存在した自然信仰や人々の願いを集約し、仏教を取り込みながらひとつの型を創りだしたのが役小角だったのだろう。あるいはすでに各地で活動していた山岳信仰の行者たちに、ひとつの方向性を示したのが役小角だったと考えた方がよいのかもしれない。

『源氏物語』をはじめとする平安時代の文献には、この行者たちのことがしばしば描かれている。それらを読むと、人々の暮らしの近くに当たり前のように行者たちが存在していたことがわかる。その後、鎌倉時代に入ると、各地の霊山が独自の組織を形成するようになっていく。こうして修験道という宗門が成立していった。といってもそれは山の集団、地域の集団であって、今日の私たちがイメージする教団とはずいぶん異なっていた。室町、戦国の時代にはそれぞれの霊山と結ばれた者たちが独自の生き方をし、江戸時代には村々や町々の人々の幅広い支持を集めていくことになった。明治五（一八七二）年に修験道廃止令が出されたとき、失職したプロの修験者の数は十七万人と伝えられている。ちなみに今日の僧侶や神官などの総数はおよそ二十四万人であり、明治初期の日本の人口が三千万人台であったことを考えると、いかに多くの修験者たちが村や町で活動していたのかがわかる。

開祖・役行者小角

修験道の開祖、役小角について書かれたものは、正式な記録としては『続日本紀』しか残っていないが、もうひとつ、この出来事が民衆世界のなかではどのように伝えられていったのかをみておくことにしよう。薬師寺の僧、景戒の手によって平安時代前期に編纂された『日本霊異記』(八一〇年から八二四年あたりに成立)には、次のような記述がある。現代風に訳してみよう。

「正式な得度《とくど》をすることなく仏教の修行を重ねた優婆塞《うばそく》(私度僧《しどそう》。サンスクリット語のウパーサカの音訳)である役小角は、生まれながらにして村一の博学であった。三宝(仏、法、僧)に帰依、即ち仏教に帰依し、修行を重ねて四十歳を過ぎてもなお岩屋に座り、葛《くず》でつくった服を着て、松の実を食べ、清水で沐浴しながら人間としての垢を取り除いていた。孔雀明王の呪法を修得し、優れた験力のもち主でもあった。鬼神を自在に操り、鬼神たちに吉野の山から葛城山に橋を渡せと命じた。この命令に神々は困ったが、一言主《ひとことぬし》の神(奈良の葛城に一言主神社がある。『古事記』には葛城の神として登場する)が、役小角が天皇家の世を傾けようとしていると讒言《ざんげん》した。天皇は家来たちに役小角を捕えるよう命じたが役小角の験力が強く捕えることができなかったので、小角の母を捕えると小角は出頭し捕えられ、伊豆に流された。役小角は海の上を走り、鳳凰のように空を飛ぶことができた。流された先の伊豆の嶋では昼間は嶋で行をしていたが、夜になると富士山に行って修行をしていた。三年後の正月に天皇の許しがでた。小角は仙人になって天に昇った。僧、道照が遣唐使として中国に渡り、五百の虎の要請を受け新羅で法華《ほけ》経を講じていたとき、虎のなかに人がいることに気づき、『誰か』と問うとその人は『役の優婆塞』と答えた。日本の聖人だと感じた道照は席を下り、役小角に教えを求めた。小角を讒言した一言主の神は小角に呪縛されていまだに解脱できずにいる。小角には、そのほかにも数多くの奇蹟があるが、それらについては省略する。仏教の験力は偉大なものであり、仏教に帰依する者はそのことを確信することができるだろう」（『日本古典文学大系』第七十巻　校注者・遠藤嘉基・春日和男　岩波書店。同書を元に内山が現代語に抄訳した）

現代語訳は全文ではないので、元の文も引用しておこう。

「役《え》の優婆塞《うばそこ》は、賀茂役公《かものえのきみ》、今の高賀茂《たかかも》の朝臣といふ者なり。大和の国葛木の上《かみ》の郡茅原《ちはら》の村の人なり。生《うまれながら》知り博学一なり。三宝を仰ぎ信《う》けて業とす。毎《つね》に庶《ネガ》ハクハ五色の雲に挂《カカ》リテ、沖《ちゆう》虚《きよ》の外に飛び、仙宮の賓と携《タヅサハ》リ、億載《おくさい》の庭に遊び、蘂蓋《ずゐがい》の苑に臥伏《ふ》し、養性の気を吸《ス》ヒ噉《くら》ふことをねがふ。所以《このゆゑ》に晩《ク》レニシ年四十余歳を以て、更に巌窟《イハヤ》に居り、葛《かづら》を被《き》、松を餌《の》み、清水の泉を沐《あ》み、欲界《よくかい》の垢を濯《スス》キ、孔雀の咒法を修習し、奇異の験術を証し得たり。鬼神を駈使《おひ》ひ、得ること自在なり。諸の鬼神を唱《いざな》ひ催《モヨホ》シテ曰はく『大倭《やまと》の国の金《かね》の峯《タケ》と葛木の峯《たけ》とに椅《はし》を度《わた》して通はせ』といふ。是《ここ》に神等、皆愁へて、藤原の宮に宇御《あめのしたをさ》めたまひし天皇のみ世に、葛木の峯《たけ》の一語《ひとこと》主《ぬし》の大神、託《くる》ひ讒《しこ》ぢて曰はく『役《え》の優婆塞、謀《はか》りて天皇を傾《かたぶ》け将《む》とす』といふ。天皇勅して使を遣して捉《とら》ふるに、猶《なほ》験力に因りて輙《タヤス》ク捕《とら》へられ不《ざ》るが故に其の母を捉ふ。優婆塞母を免れ令《し》めむが故に、出で来て捕へられぬ。即《すなは》ち伊《い》図《づ》の嶋に流しき。時に身、海上に浮かびて走ること、陸を履《ふ》むが如し。体《み》万丈に踞《うずくま》り、飛ぶこと翥《はふ》る鳳《おほとり》の如く、昼は皇命に随ひて嶋《しま》に居て行ひ、夜は駿河の富《ふ》岻《じ》の嶺《タケ》ニ往きて修す。然して斧鉞《ヲノマサカリ》ノ誅《つみ》を〈宥《カク》〉レテ朝《みかど》の辺《あたり》に近づかむと庶《ねが》ふが故に、殺剣の刃《ハ》に伏して、富岻に上る。斯《こ》の嶼《しま》に放たれて、憂へ吟《によ》ぶ間三年に至れり。是《ここ》に慈の音《こえ》に乗り、大宝元年歳の辛丑に次《やど》る正月を以て天朝《みかど》の辺に近づき、遂に仙と作《な》りて天に飛びき。吾が聖朝《みかど》の人道照法師、勅を奉《うけたまは》りて、法を求めて大唐に往く。法師、五百の虎の請を受けて、新羅に至り、其《そ》の山中に有《あ》りて法花経を講ず。時に虎衆の中に人有《あ》り、倭語を以て問を挙《あ》げたり。法師問ふ『誰そ』といふ。答ふらく『役の優婆塞』といふ。法師思へらく、我が国の聖人なりとおもひ、高座より下りて求むるに无し。彼《そ》の一語主の大神は、役の行者に咒縛せられて、今の世に至りて解脱《げだち》せ不《ず》。其《そ》の奇《めづら》しき表《しるし》を示すこと多数にして繁きが故に略するのみ。〔諒《まこと》〕に知る、仏法の験術広大なることを。帰依する人は必ず証得せむ」

民衆が伝えた役小角は、験を修めた人＝修験者としての小角の力がどれほどのものだったのかを伝えている。とともに仏教の験力の高さを謳いながら、役小角に道教の仙人像をダブらせている。自然信仰の強い日本では、道教の「無為自然」＝「おのずからのままに生きる」ことを理想とする道教思想は受け入れやすく、民衆のなかでは道教と仏教は明確に分けられることなく広められていたのだろう。仙人は、自然の霊力を受けて生きることのできる聖《ひじり》、行者としてとらえられていた。

終わり近くにでてくる道照《どうしょう》（六二九～七〇〇、道昭とも書く）は実在した遣唐使だが、七〇一年に流罪を許され入寂した小角が、説話のように朝鮮に渡ったことにしたとしても、道照と出会ったというのは年表的に無理がある。道照は中国で法相《ほっそう》教学（大乗仏教に大きな影響を与えた。36ページ参照）を学んだ僧であるが、帰国後は橋を架けたり民衆のための寺をつくるなどの社会事業にも力を入れている。また中国の初期密教をもち帰っていたのではないかという推測も時代的には可能であり、役小角が初期密教の呪法のひとつ、孔雀明王の呪法を修得していたとされることから、民衆のなかでは小角と道照が接点のある存在として語られていたのかもしれない。

もうひとつ注釈を加えておくと、インドでは孔雀が毒蛇を食べるということから、毒を消す霊力が孔雀にはあるという信仰が古くからあった。孔雀明王の呪法は、この孔雀の霊力を身につけておこなうものだと思われるが、おそらくはじめは毒を消すことによって病気をなおす一種の加持祈禱のようなものとして、初期密教のなかに取り入れられたのではないかと推測できる。その後に大乗仏教、とりわけ華厳教学《けごんきょうがく》と密教がつながりをもつようになると、すべてのものは奥底では結び合っているというとらえ方が広がる。そしてもしもそうだとすると、すべての自然と人間の結びつきが清浄であるなら、厄災は起こらないということになる。逆に述べれば、その結びつきのなかに「邪」が入り込んでいるから、厄災がもたらされるということになり、そうであるのなら、「邪」を取り除くことができれば、厄災は取り除けるという理解も成り立つ。そうしたことから、孔雀明王の呪法は、邪＝毒を取り除くことによって関係を正常に戻し、正常なあり方を復活させることをとおして、病気治癒だけではなく雨乞いや雨止めの祈禱としても用いられるようになったと推理することも可能なように思われる。役小角は病気、雨乞い、雨止めなどのさまざまな厄災を取り除く強い霊力をもっている人として、民衆のなかで語り継がれていったのだろう。

仏教を受け入れた土着信仰

修験道は太古の昔から受け継がれた自然信仰を基底におく日本独自の信仰だけれど、自然信仰はもともとはどこの社会にもあったと思われることから、似たような信仰は世界に広く存在していたと考えることができる。ゆえに日本の修験道が生まれるためには、仏教との習合というもうひとつの飛躍が必要であった。

本書の鼎談でも述べるように、ヨーロッパ社会にも、キリスト教が浸透する以前には土着的な信仰があり、その信仰のなかには自然信仰的なものがふくまれていたと思われる。ところがキリスト教が浸透していくと、昔からの土着的な信仰は破壊されていった。

日本では別の道が生まれていくことになる。五〇〇年代に日本には仏教が入ってくる。文献的には確認できないが、その頃には道教思想も入っていたことだろう。しかも仏教が入ってくると、日本は急速に仏教国家をつくるようになっていく。五三八年に百済から仏像と経典が贈られ、公式に日本に仏教が入ってくるが、五〇〇年代の終わり頃から六〇〇年代の初頭には、蘇我馬子《そがのうまこ》によって通称飛鳥寺が創建される。厩戸皇子《うまやどのおうじ》（五七四〜六二二、後に聖徳太子といわれるようになる）は『三経義疏《さんぎょうぎしょ》』（六一一年から六一五年にかけてつくられたと伝えられる。「三経」とは維摩《ゆいま》経、勝鬘《しょうまん》経、法華経を指し、「義疏」はその注釈書の意。維摩経は唯識思想と空思想を軸にする法相教学の中心的な経典）をつくり、彼が六〇四年につくったと伝えられる「十七条の憲法」の第二条には「篤く三宝を敬え」と記されている。本当に厩戸皇子が「十七条の憲法」をつくったのかどうかについては、後世の作とする説なども古くからあるのだが、この頃には仏教国家を創造する方向性が確立されていたことは確かだろう。「三宝」とは前記したように「仏・法・僧」のことであり、仏を敬い、仏法を敬い、僧を敬うという意味である。七三三年には東大寺の前身である金鍾寺《こんしゅじ》がつくられ、七五二年に東大寺の大仏（盧舎那仏《るしゃなぶつ》＝毘盧遮那仏《びるしゃなぶつ》、宇宙の真理を顕す華厳教学の軸になる仏）が開眼する。五〇〇年代から七〇〇年代とは日本の公式の仏教史的にはこのような時代なのだが、それは日本が仏教という外来宗教を受け入れていく歴史でもあった。

　ところが日本では、仏教という外来の宗教が浸透してきても、それまでの社会にあった土着的な信仰が保持されたのである。仏教には自然信仰などないはずなのだが、日本では仏教導入後も、民衆の自然信仰は継承されている。そればかりか自然信仰や土着信仰と融合するかたちで、仏教も日本の仏教として再創造されていく。この過程をもっとも純粋に歩んだのが修験道だったといってもよい。

　日本の仏教がそのような道を歩んだ理由としては、三つの要因があったのではないかと思われる。六〇〇年代後半に入ると、日本では律令制がつくられていく。律令制とは法律に基づく統一国家を成立させようとする動きで、土地と人民は国王の所有物であるとされ、支配体系を整備するための官僚制もつくられることになった。ところが現実には、その支配地域は全国を覆うようなものではなかった。全国各地には、いわば支配漏れになる地域が続出していたのである。九〇〇年代に入ると、国の支配地域でも律令制を維持することが困難になり、一種の領地請負制といってもよい荘園制度が生まれていく。さらに九三九年には東国で平将門の乱が起こったように、武家勢力も台頭してくる。律令制は、完成されずに瓦解したといってもよい。

すなわち日本では、国家による一元的支配が完成せず、故に土着的につくられた村としての民衆的世界が、国家との関係で揺れ動きながらも、解体しきらずに残った地域を数多く生みだしていたのである。

もともと民衆の生きる世界は、縄文時代の集落の延長線上にあったといってもよい。弥生時代に入り、稲作が広がってくると人々は農業を大きな基盤にするようにはなるが、小規模な農業は縄文後期からおこなわれている。縄文以来の集落の人々と、渡来人として入ってきた弥生人が定住していく過程で起こった両者の融合をへて、古来の日本の自然信仰は、農村的世界をも包摂する自然信仰へと昇華していったと推測することもできる。

そうやって生まれていった人々の自律的世界を解体し、国家の一元的支配下におくことは、全国的にみれば無理があったのである。故に日本の民衆的世界は、国家の動きによって揺れ動きながらも、さまざまなかたちで受け継がれていくことになった。

ちなみに鎌倉時代になると、農民武士団の時代がはじまる。武士が一族郎党を率いて農村に暮らし、武装した農民による自治が確立されていく。民衆的世界が強固に再確立された。そしてそのことが、日本的仏教の再整備へと向かわせた。鎌倉新仏教が生まれ、修験道が各地の霊山のかたちを再整備していくのもこの時代である。

江戸時代に入ると、幕府は農民の武装を解除し、武士を城下町に集める政策をすすめる。武士が常駐しない村が生まれ、そのことは江戸期的な惣村《そうそん》自治（自分たちの村落を農民が自律的に管理、運営する）を成立させていくことになった。江戸時代は、農村からみれば、こうして生まれた共同体を基盤にして民衆的世界を展開させた時代として成立する。この時代に修験道は、里修験や講を軸にした、より大衆化された修験道を展開させていった（里修験とは、どこかに定着しなければならなくなった修験者と修験信仰を持つ地域の人たちが、自分たちの暮らす地に信仰の場をつくった。不動明王を祀ったところは、○○不動尊として今日でも信仰を集めているところが数多くある）。日本では明治時代になって近代の統一国家が形成されるまで、揺れ動きながらも民衆的世界が保持されてきたのである。この歴史のなかで、人々の生きる世界とともにあった土着的な信仰、自然信仰も受け継がれていく。

日本における民衆世界のあり方が、土着的な信仰を受け継がせたのである。もうひとつ重要なことは、民衆世界に新しいものを受け入れていく精神があったことである。たえず変化を受け入れる精神があったといってもよい。この精神は日本の自然との関係のなかで生まれた。いうまでもなく日本の自然は変化が激しい。四季の変化だけではなく、洪水、地震、津波、噴火などが人々の生存基盤に大きな影響を与える。このことが、変化を受け入れながら生きる精神を定着させた。変化は受け入れるしかないものであり、受け入れてこそ再び立ち上がることもできるのである。変わらないものは何もなく、すべては生成消滅のなかにあるという無常観も、日本的な自然と人間の関係から定着していったものだろう。

そういう精神があるから、仏教が入ってくるとそれを排斥するのではなく、受け入れながら自分たちの生きる世界に合うものとして再創造する道が選ばれていった。それは道教に対してもいえると思うが、ただし、すべてを受け入れたのではなく、自分たちの生きる世界を破壊しかねない「新しいもの」は遠ざけている。すでに述べたように古代の日本には仏教、道教だけでなく儒教も入ってきているが、国家、国王の絶対化に社会の基盤があるとする儒教思想は、江戸時代までの日本の民衆世界には入っていない。それは古代から支配層の思想の域をでることはなかった。江戸後期になると村の庄屋層などが儒教を学ぶようになるが、それは自分たちの生きる世界にとって必要だから学んだのではなく、武士と交渉するときに武士の論理を知っている必要があったから学んだに過ぎない。儒教は江戸期の武士の、基本的な思想であった。

すなわち、仏教、道教は自分たちの世界に受け入れてもよいものだったのである。ただしその全てを容れたわけではない。道教でいえば、自然の力を借りて健康になり、自然的人間として仙人をめざすという部分だけを受け入れ、その結果日本には道教教団が成立することはなかった。役小角もそうであったように、山での修行を積んだ行者は、道教の仙人のイメージと重ねられて尊敬されていった。

仏教にも同じことがいえるだろう。たとえば仏教の戒律は日本ではほとんど無視されている。戒律には出家者の戒律と非出家者である在家信者の戒律があるが、とりわけ在家の戒律が重視されることはなかった。なぜなら民衆は共同体のなかで暮らしていて、共同体がつくる道徳、倫理、取り決めといった「掟」が、自分たちの生きる世界の「戒律」だったからである。それ以外の「戒律」を人々は必要としていなかった。そういう土壌があるから、出家者の世界でも厳密な戒律が貫徹されることは少なく、それは出家者の「堕落」がたえず問題視される事態を生んだのだが。

いわば自分たちにとって不必要なものは切り捨て、ときに新しい解釈を加えながら、自分たちの仏教として仏教を再創造していく。そういうプロセスをへながら、仏教という新しい宗教も自分たちの生きる世界に定着させていったのである。

民衆聖として

役小角は孔雀明王の呪法を修得していたと伝えられている。ということは、六〇〇年代には初期密教の呪法が日本にもたらされていたのであろう。といっても役小角がどのくらい仏教を取り入れていたのかはよくわからない。小角が書いたものも、小角からこのように教わったというような書物も、何も存在しないからである。ただし伝承上の小角は、仏教的な面をみせる。前記した『日本霊異記』の説話でも、小角の能力を仏教の験力として描いているし、遣唐使として中国に渡り日本に法相教学をもたらした道照と接点があるという物語も、そのことを示している。さらに伝承では、小角は吉野山中で修行していたとき、過去救済の仏として釈迦如来を、現世救済の仏として千手観音《せんじゅかんのん》を、未来救済の仏として弥勒菩薩《みろくぼさつ》を念じ出したとされている。この三体の仏の本体を念ずると三体が融合した蔵王権現を感得したという。そのことから修験道では蔵王権現を本尊とする寺が生まれたが、蔵王権現はインドにも中国にもいない、日本で生まれた仏である。

おそらく役行者が日本の自然信仰と仏教を結ぶ道筋をつけ、役行者以降の歴史のなかで、修験道はますます仏教思想を取り入れていったのだろう。それは大乗仏教の思想でもあり、空海、最澄以降の中期密教思想でもあった。その一方で初期密教以来の呪法、加持祈禱ももちつづけた。そうやって共同体とともに生きる人々の世界と一体化していったのである。そのことによって日本では、新しい宗教の浸透が、古くからの土着思想や自然信仰を壊すことなく新しい時代を生みだしていくことになった。

日本の共同体、村のあり方と、日本的な新しい思想の受容の仕方が、古いものの継承を可能にしたのである。とともにもうひとつ述べておけば、日本における「エリート」たちの行動に、このような性格を支えるものがあった。たとえば役小角自身も当時の普通の民衆の一人であったとは思えない。出自などははっきりしないところもあるが、冒頭で紹介した『続日本紀』にも外従五位下の韓国連広足《からくにのむらじひろたり》の師匠であったと書かれている。韓国氏は物部氏から分かれた家系で、呪術師として朝廷に仕えていた。外従五位下に叙せられたのは七三〇年代のことであるが、朝廷の呪術部門を司っていた典薬寮の頭になっている。その師だというのだから、小角はすでに強い力をもつ呪術師として知られ、朝廷直属の呪術師を弟子にもつような人だったのだろう。

だがその小角は民衆聖《みんしゅうひじり》として生きていた。遠流の理由とされた「民衆を惑わしていた」という話も、律令制にもとづく統一国家をつくりだそうとしていた日本にとっては、好ましくない人物として小角がいたということだろう。国家からみれば、小角は民衆を惑わす存在だったのである。

今日においてもそうだけれど、日本の「エリート」からは、「エリート」として生きることを否定し、民衆とともに歩もうとする人たちがたえずでてくる。そしてそういう人たちが、新しい思想と民衆世界をつないだ。前記した『日本霊異記』に登場してくる道照もその一人だったのかもしれない。道照は六五三年に遣唐使として中国に渡り、玄奘三蔵（三蔵法師）から直接法相教学を学んでいる。帰国後も朝廷に重用され、この経歴をみるかぎりエリート中のエリートだったといってもよい。ところが晩年には各地を歩き、民衆とともにさまざまな土木事業をすすめている。

中国から帰朝した道照が薬師寺にいた頃、道照から法相教学を教わった人に行基《ぎょうき》（六六八～七四九）がいる。行基は「行基集団」を率いて人々のなかを歩き、各地に橋やため池、堀、寺などをつくって歩いた。たびたび朝廷からの弾圧を受けたが、東大寺に大仏を建立することになったとき朝廷の力だけではできず、全国からの寄進が必要になったことから朝廷に呼ばれ、日本初の大僧正に任じられるとともに大仏建立の実質的責任者になった。師の道照と弟子の行基は同じような道をたどったともいえるのだが、日本の社会はたえずこのような「エリート」たちを生みだしてきたのである。

この人たちが、断続的に中国から伝わってくる新しい仏教思想を、庶民のなかにいた聖（僧）、行者、優婆塞たちに伝播する役割をはたしたのではないだろうか。民衆聖のなかに、それほど時間をおかずに新しい仏教思想が広がり、この過程でそれを日本的仏教思想として再創造しながら人々のなかにも伝播されていく。民衆仏教の側にも、中国からもち帰られた新しい思想を摂取する道筋がつくられていたのである。

日本の仏教は出家至上主義ではなく、民衆仏教という基盤をもちながら展開した。それは在家仏教であり、故に聖や行者、優婆塞が人々の尊敬を受けながら存在した。そういう社会が、仏教以前からの土着思想、自然信仰と習合しながら仏教が広がるという歴史をつくりだした。そのことによって民衆の生きる世界と矛盾しない仏教がつくられていったのである。その代表的なものに修験道があった。

釈迦と仏教思想

役行者によって修験道が開かれ、その後も民衆に寄り添う信仰として展開しつづけた基盤には、このような日本的社会があったといってもよいだろう。人々が自律的な共同体をつくり、人々は新しい思想を自分たちの生きる世界にあったものにつくり替えながら受容する精神をもっていた。そして「エリート」の世界からは、脱エリート的行動をとる人たちがたえず生まれていた。そういうダイナミズムが日本の社会にはあったのである。

ところで私は、日本では仏教は日本的仏教として再創造されながら展開してきたと述べた。もしもそうであるなら、その仏教は日本で修整された仏教、つまり本流の仏教ではないということになるのだろうか。そうではない。むしろそれこそが仏教なのである。そして、だからこそ修験道は、ひとつの仏教運動として日本に成立することになった。

少し長くなるが、日本に伝わるまでの仏教の変遷をたどってみよう。仏教は釈迦が悟りを開く

――解脱する＝真理を知る――ことによって生まれたとされる。釈迦が入寂したのは紀元前三五〇年頃と考えられているが（異説もある）、釈迦が書いたものも、その頃に弟子たちが「釈迦の教え」として書き残したものも、何も残っていない。釈迦の死後に弟子たちは、釈迦の教えを正しく残す努力はしたが、その方法は、しっかり記憶し、その記憶を次の世代に伝えるというものだった。この「記憶」を文章化する努力がはじまったのは紀元前一五〇年頃からで、およそ二百年の時間が経過している。この時代に編纂がはじまった阿含経《あごんきょう》などの経典を原始仏教経典と呼ぶが、原始仏教経典が釈迦時代の仏教をもっとも正しく伝えていると考えることもできるし、二百年の間にかなり変化していたのではないかとみることもできる。はっきりしていることは釈迦時代の仏教がどのようなものだったのかは、正確にはわからないということである。

だが、次のようなことははっきりしている。釈迦が登場してくる頃のインドでは、信仰としてはバラモンの教えが広がっていた。このバラモンの教えが生まれたのは紀元前十三世紀頃と考えられているが、それはカースト制を基盤にした解脱への信仰であった。人間は生きているときの行いを「業《ごう》」とし、その「業」を「因」としてほとんど永遠に生まれ変わる。バラモン（行者、司祭）に生まれ変わったとき、苦行を重ね努力すればこの永遠の輪廻から解脱し、最終的な解放をえることができるかもしれない。バラモンの教えはこのことを基本においている。

インドでは紀元前六世紀から五世紀の頃にジャイナ教も生まれていた。カースト制にとらわれることなく誰でも出家し、厳しい戒律を守って苦行を重ねていけば解脱することができるとする教えである。

釈迦は釈迦族の王子の地位を捨て出家した後、しばらくはバラモンの教えやジャイナ教の苦行に身を投じていたのではないかと思われる。その結果苦行からは悟りがえられないことを知った。そうして菩提樹の下で瞑想に入り、ついに悟りをえた。ここに生まれたのが仏教である。

ゆえに仏教はバラモンの教えやジャイナ教が広がるインドでの宗教改革運動として生まれたということができる。それはひとつの「運動」だったのである。その運動に共鳴する人たちが釈迦のもとに集まり、サンガ（出家者たちの研鑽の場、集団）をつくって教えを伝えた。とすると、仏教は何が新しかったのだろうか。ひとつはカースト制という生まれながらの身分制度を否定し、誰もが解脱できる道を開いたことにある。とともに解脱の道が苦行によるものではなく、真理を知ることの方におかれた。人間はそのままでは真理を知ることができない。なぜなら意識が邪魔するからである。いわば自我があるためにその自我が存在しない世界をつくりだし、その存在しない世界に人々は苦しめられる。だから意識を捨て去ってしまえば、人間は永遠の苦しみから解放される。それが釈迦が菩提樹の下で発見したことだった。

たとえば人間は、たいていは、死を恐怖する。ところがその恐怖している死は真実の死ではなく、意識がつくりだした死なのである。真実の死がどのようなものなのかは誰も知らない。にもかかわらず人間の意識は、「死なるもの」を生みだし、その「死なるもの」に恐怖する。人間は意識がつくりだした世界に縛られて、その世界のなかで苦しんでいる。だからこの苦しみから解脱するためには、この世界は意識がつくりだした虚構にすぎないことを知る必要がある。真理＝実体は意識ではとらえられないものであり、故に意識の側からとらえれば「空」「無」（空思想がより体系的に論じられるようになるのは、紀元一五〇年から二五〇年頃、インドに龍樹《りゅうじゅ》が登場してからなのだが）として存在する。この真理を釈迦は知り、そのことによって悟り＝解脱をえた。

釈迦の時代の仏教は人間の生まれ変わり、輪廻を否定していない。カースト制は否定されたが、人間が永遠に生まれ変わりながら苦しみの世界に沈んでいることに変わりはない。この輪廻の世界から解放されるためには出家し、戒律を守って、真理を知る努力を重ねることが必要なのである。そういう宗教改革運動が、紀元前三〇〇年代くらいに釈迦を開祖としてインドで起こった。とともにその後も仏教はさまざまな改革運動を生みだしてきたのである。

現在釈迦時代の仏教を比較的よく受け継いでいるのは上座部系の仏教ではないかと推測される。これはインドからスリランカに伝えられ後に南アジアに広がっていった仏教で、かつては小乗仏教といわれた。小乗とは乗り物が小さいという意味で、後に大乗仏教が生まれてくると大乗の側がつけた言葉であり、いわば蔑称であることから、今日では用いられなくなった。上座部系の仏教では人間は繰り返し生まれ変わる。しかも人間に生まれ変わるとはかぎらず、動物や虫に生まれ変わることもある。そういう輪廻をくり返しながらも、出家して厳しい戒律を守り、修行を重ねていけば解脱への道を歩むことができるという教えである。大乗の側がそれでは小乗だと批判したのは、それが修行者個人の仏教になっているというところにあった。修行して個人が解脱する。それでは自分のためだけの仏教であり、すべての人の解放をめざした仏教ではない、ということである。

紀元前後にインドで大乗仏教運動が起こった。それまでの仏教では解脱できるのは出家者だけである。もちろん出家すれば必ず解脱できるということではないのだが、出家しなければ解脱の可能性はないのである。在家の信者ができることは出家者を支援することだけで、そうやって功徳を積めばよりよいものに生まれ変わることはできても、解脱はできない。つまりそれは、出家至上主義の仏教だった。

大乗仏教運動は在家信者のなかから起こったと思われるが、真理を知ることができれば、出家、在家を問わず、誰でも解脱できるという立場をとった。とともに初期の般若経などの大乗仏教経典が編纂されていった。さらに紀元一五〇年から二五〇年頃に前記した龍樹が現れ、空思想などを体系的に確立していく。

華厳教学と大乗仏教

こうして生まれていった大乗仏教経典や大乗仏教思想は中国に伝わり、紀元二世紀頃から漢語に訳されていくことになった。さらに六四五年に玄奘三蔵がインドから多くの経典をもち帰り、帰国後に精力的に漢訳をおこなうとともに、それまでの漢訳版の誤りの修正作業をすすめた。玄奘三蔵は三蔵法師とも呼ばれ、孫悟空などを引き連れてインドへと旅する「西遊記」のモデルになった人物である。ちなみに玄奘三蔵が帰国した六四五年は、日本では乙巳《いっし》の変（後に大化の改新と呼ばれるようになった）の起きた年で、六一〇年代前半には厩戸皇子によってつくられたとされる『三経義疏』が編纂されている。日本に公式に仏教が伝えられたのは五三八年とされていることをみても、中国で大乗仏教が完成していく過程と日本に大乗仏教がもたらされていく過程は、同時代的な出来事だったと考えた方がいい。必ずしも中国で完成したものを学んだのではなく、中国に生まれた最新の仏教をいち早く日本に導入し、日本でも独自の深化がはかられたと考えた方がいいのである。玄奘三蔵は中国法相宗《ほっそうしゅう》の開祖とされたが、その玄奘三蔵から道照は直接学び、日本に法相教学をもたらしている。今日の私たちにとって一番接する機会の多いお経といえば「般若心経」をあげることができるが、あの「観自在菩薩……」からはじまる漢文は、玄奘三蔵が訳したものである。

こうして生まれてきた大乗仏教はインドでは定着しなかった。というより、インドでは四世紀にバラモンの教えを基盤にしてヒンズー教がおこり、更に後にイスラム勢力の侵攻を受けて仏教自体が崩壊してしまった。大乗仏教は中国、朝鮮、日本、ベトナムに基盤をもつかたちでつくられていったといってもよいのである。さらに六〇〇年代に入るとチベットに仏教が伝わり、チベットでは短期間のうちにすべての仏教経典が蓄積されていった。現存する最古の経典はチベットで保存されているものが多いが、チベットでは独自の大乗仏教、独自のチベット密教が成立している。その影響を受けた大乗仏教はモンゴルでも成立している。

大乗仏教は、すべての人は悟りを開き=解脱し、菩薩、如来になることができるという考え方と、悟りを開くための修行は自分のためにするものではなく、他者のために、すなわちすべての生き物たちを悟りに導くためにおこなわなければいけないという考え方をもっていた。とするのなら、なぜすべての生き物は成仏することができるのか、なぜ自分が悟りを開く修行がすべての生き物の解放につながるのかという根拠が必要になる。この問いに答えをだすかたちで生まれてきたのが法相教学であり、中国の華厳教学だった。華厳経は五世紀から漢訳がすすめられていたが、この華厳経を軸にして中国華厳宗が成立していくのは、七世紀から八世紀初期の頃である。教学の大成者としては法蔵（六四三〜七一二）がいる。

法相教学は人間の意識は真理をとらえられないとする唯識思想と、実体は空であるという空思想を軸にしている。そのことをとおして人間の本質＝意識ではとらえられない本質に気づけば、人間は成仏できる＝悟りを開ける＝解脱できるとした。人間の奥底には、解脱できる本質が存在しているということである。

それを仏性（『大乗起信論』の言葉を使えば如来蔵）と呼ぶなら、人間の奥には見えない仏性、意識できない仏性があり、この仏性の世界に降りていくことができれば、すでに菩薩、如来の世界にいるということになる。この仏性の世界が、華厳教学では結び合う世界としてとらえられた。すべての人間も自然も奥に結び合う存在をもっている。ところが意識は個別のものをとらえさせ、この結び合う世界に気づかせないばかりか、意識の世界は人間たちに苦しみを与える。結び合う世界では関係だけが存在し、それは意識からとらえれば空である。とともにすべてのものはこの結び合う世界からつくられているのであり、この結び合う世界こそが宇宙の真理である。この宇宙の真理を顕わしているのが盧舎那仏＝毘盧遮那仏であり、とすれば人間も奥底に結び合う世界をもっているのだから、人間にも真理の世界が存在しているということになる。さらに述べれば、人間が真理の世界に降りていくとは結び合う世界に降りていくことなのだから、それができれば

「すべての生き物と結ばれている自己」のなかで生きることになる。自己の悟りを開くことは、すべてが結び合う世界に降りていくことであり、それはすべての生き物の解放と結ばれながら展開することになる。

華厳教学ではすべての生き物の奥底に結び合う本質があり、この本質が毘盧遮那仏の世界、意識ではとらえられない真理だととらえることによって、自分の行が他者とも結ぶ道筋をみつけだした。こうして大乗仏教のひとつのかたちがつくられたのである。華厳教学では利他行＝菩薩行を大事にする。それは他者のために行をするということであるが、人々のためにと思いながら行をすることにとどまらず、結び合う世界からのまなざしをもって修行を重ねるということである。自分の奥にも菩薩、如来の世界があるのだから、その菩薩、如来の視線をもって修行をする。だから利他行は菩薩行であり、それができればすでに悟りの世界に降りていっているということになる。自分が悟りを開くことと他者のために生きることはひとつのことなのである。

空海と中期密教

くり返しおこなわれた仏教運動という視点から仏教を見ると、新しく生まれたもうひとつの大きな動きとして、四世紀頃にインドで生まれた密教運動があった。四世紀はインドではヒンズー教が勢力を増していく時代で、ヒンズー教がもっていた呪術に対抗して、仏教の側も呪術をもとうとしたのが密教運動のはじまりであった。この呪術は現世利益的なもので、たとえば病気を治す呪術といったものである。こうして生まれてきたのが初期密教であった。それが中国に伝わり五世紀から六世紀にかけて初期密教経典の漢訳がすすめられた。こうして中国でも初期密教が展開するようになったのである。この初期密教は日本にも伝えられている。

だが呪術によって現世利益を得るというだけのことなら、仏教としては、どうみてもお粗末である。ゆえに初期密教は、大乗仏教の思想に裏付けられた密教へと改革されていく必要があった。しかも六〇〇年代後半から七〇〇年代前半には中国で法相、華厳教学が誕生し、それは中国で大乗仏教が一定の完成をみせていく時期にあたる。七〇〇年代前半には六〇〇年代から七〇〇年代にかけてつくられたと思われる大日経、金剛頂経《こんごうちょうきょう》の漢訳がおこなわれ、大乗仏教に裏付けられた密教を創造しようとする動きが生まれる。こうしてつくられた密教は中期密教と呼ばれるが、八〇四年に遣唐使として中国に渡った空海がもち帰ったのは、この中期密教である。

中期密教では真理を顕しているとされる華厳経の盧舎那仏＝毘盧遮那仏が、大日如来として中心に座ることになった。大日如来が顕しているのはすべてが結び合っている世界であり、自然も人間も個別的に誕生したものではなく、結び合う世界が生みだしたものだとされた。だから人間の奥にも結び合う世界があり、それこそが大日如来の世界でもあり、菩薩、如来の世界なのである。とすれば人間はこの菩薩、如来の世界に降りていくことができれば、菩薩、如来になれる、菩薩心を発顕することができるということになる。この菩薩、如来の世界に降りていく方法を示す、つまりそのための行の方法を示すことによって、中期密教は完成していったといってもよい。

真言密教の行の軸にある菩薩、如来と一体になるための一種の瞑想法である阿字観《あじかん》や、師匠から弟子が真理を受け継ぐ方法である灌頂などがつくられ、即身成仏がめざされるようになった。何度も生まれ変わって菩薩、如来になるのではなく、誰もがただちに菩薩、如来になれるという教えである。なぜそれが可能なのかといえば、誰もが奥底に菩薩心を、すなわち大日如来と同じものをもっていて、この世界に帰っていくことができれば悟りは開けるからである。そのためには身＝身体、口＝言葉、意＝心を大日如来の世界に置くことが大事で、身体は印を結び、口は真言を唱え、心を菩薩の世界に置く三密の行が大事だとされた。密教は「あるがまま」の人間がただちに菩薩、如来になる方法を提示したといってもよい。ただし「あるがまま」とはこれまでの日常どおりということではない。菩薩心を奥にもち、大日如来と共時的に存在しているのが、本当の「あるがまま」の人間なのである。この「あるがまま」に気づけば「あるがまま」の人間のまで成仏＝解脱する＝悟りを開くことができる。とともに、悟りを開くことは結び合う世界のなかにいる人間として生まれ変わることなのだから、個人の悟りも結び合う世界の真理を顕し、すべての生き物の解放へとつながる、ということになる。

密教は加持祈禱などの呪術的なものも残しているが、それは、結び合う世界に入り込んだ邪を取り除くことができれば、個別的な問題も解決が可能だと考えられているからである。

中期密教では真理を顕しているのは大日如来であり、釈迦は大日如来の教えを身につけ、それを言葉にしていった人と位置づけられた。釈迦が解脱したのは、大日如来の教えを感得したからだ、ということである。実は仏教では、釈迦の死後しばらくがたつと、この問題はいろいろなかたちで議論されていた。

釈迦は菩提樹の下で瞑想に入り、真理を発見したとされる。ところがしばらくすると、釈迦は前世においてすでに解脱していて、真理を人々に教えるためにこの世に生まれ変わり、苦行の道からは悟りが開けないことや、人間の意識が真理をみる心を妨げていることを、身を以て伝えようとしたのだという説が生まれてくる。さらには、真理は釈迦一代で発見されたものではなく、真理を発見するための「過去仏」たちの積み上げられた過程があったからこそ、釈迦による真理の大成も成し遂げられたのだという説も生まれていた。紀元前後のインドの寺には過去七仏を祀ったものもあるから、そういう考え方も古くから存在していたのだろう。中期密教は誰もがもっている菩薩心＝真理を顕していているものとして大日如来を位置づけ、釈迦もまたその真理に気づいた人、その真理を伝えようとした人とみなしたのである。ただし大日如来の教えは言葉では伝えられない。奥底に真理として存在しているというだけなのである。だからそれは伝えられないものの、密なるものであり、しかし伝えるためには可能な限り言葉にしていく努力も軽視してはならない。だから釈迦は可能なかぎり言葉にしようとした。ただし真理を正しく言葉にするということは不可能だから、言葉にされたものは「あえて言葉にすれば」という域を超えられない。つまり方便にならざるをえないのである。密教ではこの言葉にした教えを「顕教《けんぎょう》」と呼んだ。言葉にできない本物の真理は密教であり、釈迦が言葉にして伝えた真理が顕教だ、ということである。とすると顕教は学ぶことができるが、密教は行をとおして会得していくものだということになる。だから密教では行の方法が提示された。

教団を持たない民衆信仰

少し長くなってしまったが、修験道が成立し、広まっていく過程では、このようにさまざまな仏教が次々に日本にもたらされていたのである。しかも、前記したように、日本には古くから受け継がれた自然信仰があり、それを守ってきた民衆の自律的な共同体があった。その共同体は聖＝行者＝優婆塞たちが活躍する世界をつくり、さらに新しい仏教思想を学んだ「エリート」たちからも、民衆世界とのつながりをもとうとする人たちが生まれてくる。そういう土壌が、伝統的な自然信仰と仏教の共振をつくりだしたと考えてもよいだろう。

役行者の時代に伝えられていたのは法相教学を軸にした大乗仏教思想と初期密教である。法相教学と修験道との関係は文献的には手がかりさえない。修験道は文献で伝える信仰ではないからである。その点では初期密教との関係も同じなのだが、ただしこのことについては民衆説話が残っている。冒頭で引用したように『日本霊異記』には役小角が孔雀明王の呪法を会得していたという話があるから、役小角時代の修験道が初期密教を取り込んでいたと推測することは可能なように思える。少なくとも民衆世界ではそのようにとらえられていたのだろう。

だが修験道はその時点で静止していたわけではなかった。役行者以降も、新しい仏教思想を取り込みつづけていたのである。

中期密教を日本に伝えた空海は、遣唐使として中国に渡る以前に、四国の岩屋などで修験道の修行をしている。空海は四国、讃岐の名門、佐伯家に生まれた。十代のとき奈良、京都で学問を学ぶが飽き足らず、十九歳のとき、当時の通常の学問から離れて山林修行にはいる。吉野大峯や四国の石鎚山などで修行をし、後に遣唐使として中国に渡っている。密教の基本経典のひとつである『大日経』を読んだのは、この山林修行の頃であったといわれているが、そうであるとすれば山林修行の世界には新しい仏教経典がもたらされていたのであろう。中国で『大日経』などの密教経典の漢訳がすすめられたのは七〇〇年代前半のことと考えられているが、七七四年に生まれ、七九三年に山林修行に入った空海が『大日経』を読める環境が、その頃には存在していたのである。

修験道は役行者によって完成したのではなく、その後も新しい修験道として成長しつづけたのだと考えた方がよい。大乗仏教や中期密教の思想がもたらされれば、自分たちの自然信仰と矛盾しないかたちでそれを取り込んだ。中期密教が提示した真理の世界に降りていく方法は、修験道では自然のつながりの世界に入っていく行としてとらえなおされる。もちろん自然のなかでの修行は中期密教がもたらされる前から展開していたが、この行が密教を取り込んだ自然信仰として再確立されたとみることもできるはずである。大乗仏教の出家、在家を問わない仏教のあり方をもっともよく継承したのも修験道だった。真理は語ることができないという唯識思想以来の仏教思想も、修験道という文献をもたない信仰のなかで純粋に展開したといってもよい。さらには華厳教学がとらえていた菩薩行＝利他行の思想や結び合う世界に本質＝真理があり、それはすべての人のなかに存在しているという人間観も、修験道は自分たちのものにしている。

前記したように、仏教をたえざる仏教運動としてとらえるなら、このあり方をもっともよく受けついだのが修験道であったということもできるのである。それを可能にしたのは、修験道がいわゆる教団を形成しなかったことと、民衆信仰であるという立場を守りつづけたことがあげられる。

教団が形成されれば、その教団は開祖の教えに絶対性を置く。開祖の教えを守ろうとするのである。それは仏教を、くりかえされた仏教運動とともにある信仰としてとらえるのではなく、完成されたものへと移行させる。とともに教団は組織の維持と発展をめざし、そこからは教団維持の保守主義が生まれる。教団仏教は整理された思想体系をつくりだすが、くり返される仏教運動という性格は衰退していくのである。とともに、教団が確立した真理を民衆に伝えるというかたちができてしまうと、真理を知っている人とその真理を教えてもらう人という「知のヒエラルキー」が発生してしまい、民衆は仏教運動の主人公ではなくなってしまう。

だが、大乗仏教は誰もが成仏できるというところからはじまったはずである。出家と在家の区別なく成仏できる。それを在家の側からとらえれば在家主義ということになるのだけれど、大乗仏教は民衆が成仏できることを願う思想であり、それればかりか『維摩経』に顕されているように、出家者よりも現実世界のなかで苦悩する在家者の方が真理を知っているという考え方もでてくる。

とすると明確な教団を形成せず、村や町の聖たちとともにありつづけた修験道は、大乗仏教の精神をもっともよく受けついだ信仰運動であったということができる。いわば民衆にとって「腑に落ちる」信仰でありつづけたのである。だから逆に教団仏教の側からみれば、明確な思想体系をもたない人々の、習俗に依存した信仰のようにもみえた。

平安時代に入って中期密教が伝えられてくると、修験道はこの思想をも取り込んだのである。自然信仰を軸においた修験道として中期密教を展開させたといってもよい。だから鼎談でも述べるように、天台、真言などの高僧のなかからも、修験道の修行をする者が現れていて、修験道は狭い意味での修験者だけの世界をつくっていたわけではなかった。さらには、平安文学にはごく普通のこととして町や村で活躍する聖＝験者《げんざ》（普通の人間の能力を超えた強い霊能力をもつ者）が描かれ、その験者たちのなかには修験者と呼べる者も、修験者とは異なるルートをたどってきた験者も、いくつかのルートが重なるような験者もいた。そういう人たちをすべて修験者と呼ぶこともできるし、そうではなかったということもできる。民衆の世界を歩いた聖たちとともにあったのが修験道である以上、この部分でも修験道は曖昧な世界をもっている。

鎌倉時代に入ると、修験道では各地の霊山が整っていく。といっても自然信仰と結んだ山岳信仰はそれ以前からあり、鎌倉時代に入って山岳信仰が生まれたということではない。山林修行は古代から根付いていているし、各地の霊山も存在した。その霊山が伝統的な自然信仰と仏教思想によって位置づけられ、各霊山の修行ルートが確立していくのが鎌倉時代だったと考えればよい。

近世の修験道

ところで、死後の世界という言葉を使えば、伝統的、土着的には、日本には独特の死後の世界観があった。日本の民俗学をつくりだした柳田国男（一八七五〜一九六二）も述べているように、日本では死後の霊＝魂は自分が暮らしていた場所からそう遠くない山に還るとされてきた。どこに住んでいても山がみえるのが日本である。山に還った霊＝魂は、自然の力を借りて生きていた間についた垢を取り除いていく。こうして清浄になった霊＝魂は自然と一体になって神＝仏になり、子孫たちの世界を守っていく。この霊＝魂を、人々は祖霊とかご先祖様と呼んだ。だから祖霊＝ご先祖様は集合霊であり、自然と一体化した霊でもある。

日本では死後の世界が自然のなかにあったのである。だから仏教説話が入ってくると、山のなかに極楽浄土があったり、地獄があったりするようになった。日本各地には新魂《あらたま》＝亡くなったばかりの死者の魂がはじめに往く山があったり、清浄になった魂が最後に往く山があったりするけれど、山は清浄な世界でもあり、死者の往く世界でもあった。修験道の多くは山に入るときは白装束でいくが、それは煩悩にまみれたこの世の人としてではなく、死者として山に入るということでもある。

ちなみに山に還った魂が何年くらいたつと清浄な魂になると考えられていたのかというと、多くの地域では三十三年説がとられていた。少数の例としては五十年説、百年説の地域もあった。今日でも家族が亡くなり、三十三年がたつとその人への供養＝法事に区切りをつけるという習慣が残っているが、それは仏教からくるものではなく、土着的な死生観が基盤になっている。さらには仏教には死者供養などは存在しないのだが、土着的な死生観では、供養をすると死者の霊＝魂が早く清浄化するという信仰があった。自然信仰が仏教を取り込んだだけでなく、日本の仏教もまた自然信仰とともにある死生観を取り込んだのである。そうやって民衆の世界に降りていくこうとしたのが、日本の仏教運動だったといってもよい。日本の仏教はこのような展開をとげている。

ところが江戸時代に入ると、幕府は宗教管理の体制を整えようとした。各地の寺を本山―末寺の組織体制のなかに組み入れ、寺の自留地を取り上げるとともに、寺請《てらうけ》制度や寺檀《じだん》制度を設けて、すべての人を寺の檀家にし、寺に戸籍管理をさせるようになった。こうして全国の寺はどこかの宗門に属するようになったのだが、修験道はこの体制から排除されている（「寺請制度」とは檀家制度とも言う。どこかの寺の檀家にならなければいけないという制度。江戸時代になると、幕府は人々がどこかの寺に属し、寺請証文を受けなければならないという「寺檀制度」をつくった。これによって寺が戸籍管理をするとともに、キリシタンなど禁教とされた宗教に属する人たちをあぶり出した。一六二四年くらいからすすめられていったが、正式に制度化されたのは一六七一年）。

他方で室町、戦国時代の歴史のなかで、修験道にも各地の寺がネットワークを組む動きが生まれていた。江戸時代に入る頃には、修験道寺院の多くが聖護院との関係をつくり、他方で真言宗との関係をもつ寺院も生まれていた。江戸幕府は修験道を天台系と真言系に組織化させる道をとり、山の権利をめぐるさまざまな裁定をだしている。このときの裁定は真言系が有利になるものが多かったが、こうして生まれたのが、天台系の聖護院を総本山とする本山派修験道と、真言系の醍醐寺三宝院を総本山とする当山派修験道だった。吉野の金峯山寺は本当両派（本山派、当山派）がともに修行にくる根本道場で、平安時代に醍醐寺の僧、聖宝《しょうぼう》が、役行者以来廃れていた大峯修行を再興したと伝承されているように、もともと歴史的に南都（奈良）や真言宗系との関係の方が強かった。それが江戸時代になると徳川家康の命により天台僧の天海が学頭になり、天台宗山門派（総本山比叡山延暦寺）の翼下に入っている。

このような歴史をへて本山派（天台宗系）、当山派（真言宗系）のかたちができていったが、それは教団的な厳格さをもつものではなかった。鼎談のなかでも語られるように、江戸時代の宗門は今日よりもずっと穏やかなものであり、とりわけ民衆の世界に身を置きつづけた修験道は、基本的には組織教団への道を歩まなかったといってもよい。だが江戸時代には遊行《ゆぎょう》が禁止されている。遊行とは旅をしながら修行をつづけることで、遊行僧としては時宗《じしゅう》（総本山・遊行寺）の開祖となった鎌倉時代の一遍がよく知られているが、中世の修験者はその多くが遊行のなかに身を置いていた。それぞれの修験者が一年の間に歩くコースはだいたい決まっていて、修験者たちは山での修行を重ねながら、行った先の村々で人々の願いに応え、ときに雨乞いをし、ときに漢方薬や祈禱をとおして病気を治し、ときに各地の情報を伝えるなどをしていた。村の人たちもそろそろ来る頃だと思いながら、修験者たちを待っていた。

講の誕生

そんな遊行という修験道のあり方が禁止された。だがそれは、修験道の新しいかたちをつくりだすことになった。修験者たちは各地に定住し、地元の人たちの願いに応じるようになる。とともに江戸中期に入ると庶民の暮らしも以前よりは余裕ができてくるから、プロの修験者だけではなく、民衆自身も霊山に行って修行をするようになった。人々が自発的に修行にいく山と結んだ講（もともとは鎌倉時代に信仰行事を司る自発的な組織としてつくられた。江戸時代に同一信仰をもつ人たちの自発的な集まりとして広がった。第五章で詳述）という組織をつくり、霊山には講の人たちが泊まる宿坊が整備されていく。宿坊の経営者もまた山伏で、泊まった人たちを山の修行に連れていったりしていた。といっても毎年、講のメンバー全員で山に行くほどの余裕はないから、遠隔地の山に行くときは、たいていは講の人たちがお金をだしあい、順番で代表者を山に送り、山に上がった人は全員のお札を受けて帰ってくるというのが普通だった。江戸の街に数多くあった富士講の場合だと、富士山を往復するには一両のお金が必要だったらしい。それを講の人たちがだした。といっても実際には二両くらいが必要で、追加の一両はみんなへのお土産代などであった。この一両は山に上がる人が自分で工面した。朝江戸をたって夕方に八王子付近に着いて泊まり、翌日は高尾山に上ってお参りし、その後も霊山へのお参りをつづけながら富士山の麓の宿坊に泊まる。翌朝富士山に上り、再び麓の宿坊に泊まって、帰りも行った先々の山にお参りして最後は丹沢の大山に上る。ここから江ノ島にお参りするという人もいたが、だいたいこんなコースだったらしい。これで必要な日数は一週間ほどというから、江戸時代の人たちはよほど足腰が強かったのだろう。

江戸時代になると修験道は民衆自身の修験道として広がりをみせるようになった。信仰する山にはそう度々はでかけることができないから、人々は自分たちが暮らす地域に寺をつくり、不動明王などを祀り、境内に、たとえば富士山を模した小さな山をつくり、そこにお参りすることで日々の信仰の場を形成した。民衆の自発的な組織だから、講も信仰集団を形成するとともに、それは娯楽の場でもあり、助け合いの組織でもあった。信仰は自分たちの生きる世界のなかに、深く、広く染みこんでいたのである。

そういう信仰的世界のなかに、修験者、山伏が存在した。修験者は山での修行をとおして験力を身につけた人のことだから、山伏修行が修験者を生みだしたことになる。だがそれだけが修験者を生みだしたわけではなく、民衆の世界が修験者を求め、生みだしつづけたのである。こうして広がっていくのが里修験の世界なのだが、それは権力者からみれば、統制のきかない、猥雑な民衆世界の信仰でしかなかった。古代においては、役小角が信仰と結んだ民衆世界の代表とみなされたように。

明治時代に入ると国家は修験道の解体に着手していく。明治元年（正しくは慶応四年）には神仏《しんぶつ》判然令《はんぜんれい》（神仏分離令）がだされ、神仏習合の信仰であった修験道は大きな打撃を受ける。さらに明治五（一八七二）年には修験道廃止令がだされ、吉野の金峯山寺も廃寺にされている。このとき「失職」した修験者は、もっていた漢方薬の知識を活かして漢方薬屋になっていく者が多かったが、政府は繰り返し薬事法を改正しながら、その活動を取り締まっていった。修験道由来の漢方薬でいま残っているのは、吉野の陀羅尼助《だらにすけ》と木曽の百草丸《ひゃくそうがん》くらいである。

だがそれでも修験道は、関西などでは民衆世界のなかで受け継がれた。といっても修験道が残った地域でも、関西以外では、神社になることによって命脈を保ったところも多く、大乗仏教の精神を取り込んだ修験道としては解体されていった霊山も数多く発生したのである。

戦後になると修験道は再び表舞台に登場する。しかし全国的にみれば、各地域の修験者たちも、里修験のかたちも崩壊していた。霊山自身も神社化し修験の精神を失ったところも数多くあった。さらに個人中心の社会、経済中心の社会がつくられていくと、修験道はさらに先細っていったのである。このことについては鼎談を読んでいただければよくわかる。

だが今日では修験道に関心をもち、山の修行に参加する人たちもふえてきた。近代社会の行き詰まり感が高まるにつれて、修験道も息を吹き返しはじめたのである。

右から内山節、宮城泰年、田中利典。奈良県吉野の金峯山寺にて。写真・新潮社写真部（以下同）

第一章　修験道と公式仏教

教科書にはない仏教史

内山　序章でも触れましたが、五〇〇年代に朝鮮の百済から経典と仏像が贈られてきて、当時の政権のなかで仏教を日本に入れるかどうかで論争、政争が起こりました。蘇我氏は仏教を入れることに熱心で、あの頃の古代政権は蘇我氏中心になっていますから、こうして日本に公式に仏教が入ってきた。これが私たちが学校などで習う歴史です。しかしその頃には、仏教は別のルートでも入っていたのではないでしょうか。弥生時代以降になると、朝鮮や中国から多くの渡来人が入ってくる。その人たちは朝鮮や中国にいた頃の信仰ももってきたはずですから、そういうかたちで入ってきた仏教や道教があっても不思議ではない。それらは体系づけられた仏教や道教ではなく、自分たちの生きる世界で消化されたものだった。だから、公式の仏教の側からみれば、怪しげな仏教だったのだろうと思いますが、その仏教が日本の民衆仏教のはじまりだったと私は思うのです。その仏教は、日本に入ってから、日本列島で暮らす人たちの手で変化していったのだろうという気がします。自分たちの、日本での生きる世界の仏教になっていった。ところが日本での民衆の生きる世界というと、おそらく縄文時代から受け継がれてきた自然信仰がある。自然に神、真理を感じ取る信仰です。そういう自然信仰と習合しながら、民衆仏教が展開していったのではないでしょうか。

一般的な仏教史の本を読むと、古代仏教は国家護持の仏教だった。民衆とは関係なかった。ところが平安中期に空也上人《くうやしょうにん》（九〇〇頃〜九七二。比叡山、天台座主のもとで受戒した僧侶ではあるが、民衆のなかに身をおき、阿弥陀如来による救済を説きながら、各地に橋や寺院を作る社会事業をおこなった）のような民衆のなかを歩く聖がでてきて、その後に法然（一一三三〜一二一二、浄土宗を開いた）、親鸞（一一七三〜一二六三、後に浄土真宗の開祖となった）といった民衆の救済を目的とした浄土宗系の仏教が生まれてくる。栄西（一一四一〜一二一五）による臨済宗、道元（一二〇〇〜一二五三）がつくった曹洞宗のような禅宗や、鎌倉末期の日蓮宗の成立などを含めて鎌倉仏教が生まれ、民衆仏教の世界が展開するようになった。これが一般的な仏教史ですが、僕はこういうとらえ方には疑問を感じている。繰り返しになりますが、公式仏教が入ってきた頃からすでに原初的な民衆仏教は成立していて、後に遣唐使が中国に行くようになると、初期密教や成立期の中国大乗仏教などが日本に伝えられただけではなく、そういう考え方が民衆聖のなかにも伝播されていく。つまり民衆仏教の流れは存在していたのであり、鎌倉仏教は公式仏教の民衆仏教化として成立したのではなかったかと思っているんです。

原初の民衆仏教は、渡来人がもってきたもので、道教や日本の自然信仰などとも習合しながら、自分たちの生きる世界をつかむ仏教として生まれていたのではないか。そういう仏教に帰依した人たちのなかから聖のような人が生まれ、その人たちは民衆の願いに応じながら、修行の場を山に求めていったのではないかと思っているのです。

前に見たように、修験道の開祖とされている役小角は平安時代には役行者と呼ばれるようになりますが、役小角は若い頃、葛城山で修行をしている。葛城山にはすでに修行の場があったということでしょう。役行者の時代は、律令制ができていく時代でもあったのですが、朝廷は山林修行を禁止したりもしている。ということは、「山林修行」がすでにかなりの広がりをもって展開していたということでもある。古代の民衆仏教は、公式仏教からみれば怪しげなものを内蔵しながら、しかし民衆の生きる世界のなかで雑多に展開していったのだろうと思うのです。そういう基盤のなかから、六〇〇年代に役小角が出てきて修験道が誕生していく。しかもその修験道は、民衆的世界のなかにいつづけた。だからここからは、修験道も生まれたが、修験道とは言い切れないさまざまな行者たちも生まれていく。そういう曖昧さを持ちながら展開していったのが修験道であり、だから公式仏教からは下層の信仰として蔑まれたりもするのだけれど、僕はむしろそこに、民衆と共にある信仰の可能性を感じたりもするのです。

さまざまだった聖たち

宮城　広い意味での民衆聖の世界には、修験者、山伏、聖、行者と、いろいろな呼ばれ方をする人がいたけれど、そういう人たちのつくる輪は、ほかの輪と重なる部分もあるし、重ならない輪もあった。たとえば、修験とは異なる加持祈禱をする人もいた。昔の民衆の世界には、さまざまな聖たちがいたということなのです。その聖たちは緩やかな組織をもっていたりもするのですが、むしろ未組織の聖たちといった方がいい。山に入って法華経を読みながら修行をする行者もたくさんいた（法華経は、紀元前一〇〇年頃、あるいは紀元前後にインドで編纂がはじまったと思われる大乗仏教経典のひとつ。釈迦の教えを総合的に伝えた経典として、日本では聖徳太子の時代から重要視された。天台宗の開祖、最澄も、すべての人が成仏する道を説いた法華経を基本経典においている）。熊野本宮《くまのほんぐう》の森には、そういう行者が集まっている山の修行場が、二百も、三百もあったといわれている。

　平安時代の文学には、加持祈禱をする験者たちがでてくるけれど、その人たちのなかにも修験者とは言い切れない験者がいたのではないでしょうか。さらに、山伏と修験者は同じかといえば、山伏ではない修験者もいた。山伏と修験者が完全に同じだとなったのは、明治以降のことです。ですから民衆のなかにさまざまな聖がいて、人々の願いに応えている。そういう世界のなかに、修験道があったと考えた方がいいのでしょう。

田中　僕自身もそうですが、僕は山伏か、修験者かと問われると、山に入って修行をしていますから山伏ではあると思うんですけれど、修験者かと聞かれるとさほどの験力を持っているとはいえない。修験者とは験を修めた者のことで、つまり修行によって普通の人がもっていない験力を身につけた人を指す言葉です。山での行を重ねながら験力を身につけた人を修験者というのですが、そういう山修行というルートをたどっていない験者も確かにいた。たとえば先天的に霊能力をもっているとか、法華経読誦によって験力をえたとか。広く大雑把にとらえれば、そういう人たちをも含めて修験道的世界ということもできるけれど、やはり、もう少し整理しておくべきではないかなと思います。そういう人たちと共に民衆の世界があったのだということは、その通りなのですから。

宮城泰年（みやぎ・たいねん）
聖護院門跡門主。京都仏教会常務理事、神仏霊場会会長。1931年、京都府生まれ。龍谷大学卒業後、新聞社に勤務、後に聖護院に奉職。2007年、門主に就任。著書に『動じない心』（講談社）など。

宮城　修験者や山伏は、帰る山がある。そこには行を助けてくれる仲間も自然も神仏もいる。いわゆる組織とは違うけれど、そこには自然や神仏と共に展開している、みえない組織がある。修験者は修験者としての独自のつながりや帰属する山、独自の世界をもっていたのですが、昔はそれとは違うあり方をもっている験者や山林修行者もいた。

田中　別のかたちで修行しているのに、修験者だと考えてもいいような人もいた。『法華験記』（正式には『大日本国法華験記』。平安中期に書かれた仏教説話集。著者は比叡山の僧・鎮源）を読んでいると、法華経信仰者の霊験譚が数多く紹介されています。これらの人のなかには、法華行者というより修験者といった方がいい人もいる。

整理しにくい存在

田中　真言宗を開いた空海（七七四～八三五）は、若い頃、四国で山林修行をしていたことはよく知られています。南都の大学での勉強をやめて、四国に戻って山林修行をしていた。その後に遣唐使として中国に渡り、密教を学んで帰国し、根本道場として高野山を開山した。この高野山開山については、さまざまな伝承があるのですが、最近になって注目されているのが、南都にいる若い頃に吉野で山林修行をし、高野山を見出したということ。『性霊集《しょうりょうしゅう》』（八三〇年代くらいの成立。空海が書いた漢詩集）に次のような文があるのです。

空海少年の日、好むで山水を渉覧《しょうらん》せしに、
吉野より南に行くこと一日にして、
更に西に向って去ること両日程、平原の幽地有り。
名付けて高野《たかの》と曰ふ。

吉野という役行者の伝統を受け継ぐ山林修行の山に入っていたというのなら、空海には私度僧時代に修験者の一面があったといってもかまわない。その後も、聖宝（八三二～九〇九、平安前期

田中利典（たなか・りてん）
京都・綾部市の林南院住職。金峯山寺長臈、種智院大学客員教授。1955年、京都府生まれ。龍谷大学と叡山学院卒。『よく生き、よく死ぬための仏教入門』（扶桑社新書）、『体を使って心をおさめる 修験道入門』（集英社新書）など、著書多数。

の真言宗僧侶。伏見の醍醐寺の開祖。後に当山派修験道の祖ともいわれるようになる）とかあるいは浄蔵《じょうぞう》（八九一～九六四、平安中期の天台宗僧侶。高い祈禱能力をもっていたとされる）とか、修験者という一面をもった密教の僧侶が出てくる。修験者には、こういう重なり方をする人もいっぱいでてくるのです。

宮城　そうですね。

田中　広くとれば、山林修行をしていた人はみな修験者だということもできるし、そうではなくて山林修行をしていた人のなかには、道教の修行をしていた人がたくさんいたという見方もあると思うんです。そういう曖昧さをもちながら、聖や行者の世界は展開していたということです。

宮城　修験道はグループももっているし、それぞれの信仰のかたちももっているんですよ。ところがそのかたちのなかに少しでも入っていれば修験者かといえば、そうは言えなかったりする。平安時代の終わりに、歌人としても知られる行尊《ぎょうそん》（一〇五五～一一三五、平安後期の天台宗僧侶。熊野から吉野に向かう修験道の奥駈ルートを定めた。園城寺〈三井寺〉の最高位である長吏となり、一時期天台座主も務めた）という天台宗の大僧正がいましたが、行尊は笙《しょう》の岩屋という場所で岩屋ごもりをしています。あそこは、まさに、大峯修験の霊場です。ではそういう修行をしたから行尊は修験者なのかといえば、行尊自身もそうは思っていなかったのではないか。自分の信仰のなかに大いに修験の信仰を取り込まれた宗教者であったが、誰も行尊を修験者だとは言わない。天台、真言の坊さんにはそうした人がいっぱいいたし、法相宗にもいた。良弁《ろうべん》（六八九～七七四、生駒山中で修行をした。法相教学、華厳教学を学び、東大寺の初代別当になった）も山に入っている。そういう人たちも含めて修験者だといえば、修験道の幅は非常に広くなる。

内山　修験道を管理しようとする権力の側からすると、整理しにくいやっかいな存在ですね。

宮城　僕ら自身も整理できないものがあるんだから。

田中　統御できない。

内山　ですから教義的に純粋なものだけを仏教だといってしまうと、仏教は狭いものになるけれど、山林修行とか加持祈禱とか、そういういろいろなものを内包しながら民衆仏教は展開していたのだととらえれば、古代から民衆仏教の広がりはあったのだと思うのです。どこかで仏教と結

内山節（うちやま・たかし）
哲学者。1950年東京生まれ。都立新宿高校卒。現在、群馬県上野村と東京を往復しながら暮らしている。『「里」という思想』『文明の災禍』『日本人はなぜキツネにだまされなくなったのか』『いのちの場所』など著書多数。

ばれている信仰があった、ということです。

序章でも触れましたが、その仏教とは何だったのかというと、僕は中国で漢語で成立した大乗仏教であり、初期の密教だったのではないかと思っている。密教というと、空海が中国で学んでもってきて日本にもたらされた、同時代に天台宗の開祖、最澄も導入しようとしたが、天台宗が本格的に密教寺院化していくのは円仁、円珍《えんちん》――円珍は園城寺（三井寺）を開く。後に二人は対立し、円仁＝天台宗山門派（延暦寺）、円珍＝天台宗寺門派（園城寺）が生まれた――の時代からだ、というように一般的には教わるのですが、六〇〇年代半ばに遣唐使として中国に渡り、法相教学をもち帰った人として知られる僧に道照がいた。この道照が活躍した時代には、初期密教も伝えられていたと考えてもよいような気がします。創成期の中国密教ももち帰っていた、あるいは知っていたのではないかと考える人もいる。ほかにも、正式にではなく、民衆ルートで入ってきた密教もあったのかもしれない。

中国における密教の成立過程と、日本での密教の導入は、大きくみれば、ほぼ同一時期に進んでいくのですね。道照の時代だと、まだ大日経などの中期密教経典の整備などが進んでいなかった頃の密教、初期密教であり、空海の時代になると大日経、金剛頂経などの経典も、さまざまな部面で用いられる密教法具なども整備された中期密教時代だった。空海以前に、中国には、まだ様式なども整わない、呪術的要素の強い未整備の密教が生まれていたということでしょう。その初期密教が中国での大乗仏教の確立過程と重なりながら、中期密教を誕生させていった。

空海が日本に伝えた密教を純密、それ以前の密教を雑密《ぞうみつ》といういい方が江戸時代に生まれますが、このいい方は僕には違和感がある。仏教は、正しい教義にもとづいて初めて意義のあるものなのでしょうか。それは学僧たちにとっての仏教、仏教を研究する人たちにとっての仏教でしょう。それが仏教だというのなら、単に研究集団をつくるだけのものになってしまう。そうではなく、仏教は民衆の生きる世界と共にあってこそなのです。そしてこの仏教は、民衆の生きる世界と共にあったいろいろな思想とも習合しながら、あいまいな仏教、猥雑な仏教になっていかざるをえなかった。ですから僕は密教についても、雑密という言葉より、「日本の初期密教」という言葉を使いたいのです。法相や華厳（序章参照）の考え方も、修験道は吸収していったように、初期密教が入ってきて、その考え方を吸収しながら修験道がひとつのかたちをつくっただけでなく、その後に入ってきた新しい仏教思想も吸収しながら、修験道は民衆仏教として展開していったというふうに私は考えています。

宮城　空海、最澄、円仁、円珍が伝えたのが密教であって、それ以前の密教は全部雑密だという言い方なのですが、もともと仏教というものは、道教などのいろいろな文化と共に日本に入ってきたのです。そうやって入ってきた仏教が曖昧なものだったとは僕は思わないけれど、仏教のなかにあるさまざまな考え方が次々に入ってきたのが、律令制をつくる頃の日本だった。密教的な考え方が入ってきていたとしても不思議ではない。

伝承によれば、役行者は孔雀明王の呪法を会得して山中を歩いたとされていますが、当時の初期密教の呪法が入ってきていたと考えることも、あり得ないことではないのですね。雑密と修験の関係、雑密と山岳信仰の関係は、文献的に確認できるものではないのですが、十分にあり得ることだと考えられる。修験は文献に依存しないかたちで展開してきた信仰ですから、役行者も信仰の道筋を示しただけで書いたものは一行も残していない。足跡として『続日本紀』という朝廷側がつくった史書に書かれている役行者を伊豆に流したという記述と、『日本霊異記』という説話集や民衆のなかで語られていた役行者伝説がいくつか残されているくらいです。だから学問の世界では、あまり研究対象にされない。学者の研究は、文献がなければ研究対象になりにくい。修験道と雑密に関係があったかどうかなどは、それを裏付ける文献がないのです。宗教民俗学をされている人のなかには、文献に依存しない研究に挑戦されている方もいらっしゃいますが、ごくまれです。ただし僕ら山伏、修験者は、役行者から受けついできた行をいまでもしている。すると行をとおしてみえてくることがあるわけで、そういう観点からいえば、雑密と修験の関係は十分にありえると思います。

田中　私の盟友の一人である植島啓司（一九四七〜、宗教人類学者）先生などは、逆に、優婆塞的、聖的な活動をしていた人たちを、すべて雑密の行者として扱っておられます。

修験道的広がり

田中　空海と最澄・円仁・円珍らによって真言密教と天台密教のかたちができて、いわゆる東密（真言密教）と台密（天台密教）が確立されていくわけですが、このような密教的世界観ができる前に伝わった密教を、すべて雑密と呼ぶわけです。しかし、雑密とは何かというと、やっぱり密教ですよね。

宮城　そう、密教なんだけれども。

田中　雑密と言われてきたものは、大乗仏教の深遠な教理、論理の裏付けをまだもっていないかたちで入ってきた密教ですよね。それは体系化されない密教だったと言ってもよい。

内山　僕は、大乗仏教自体が密教的部分をもっていたのではないかと思っている。天台宗もはじめは法華経寺院、顕教寺院としてつくられていきますよね。顕教はこの世界で真理を伝える教えですから、いわば人間の意識に訴えかける教えだと言ってもいい。ところがそれだけでは不十分だということに、法華経を奉じた人たちもふくめて気づいていた。真理＝法も空であるという視点をもって成立したのが大乗仏教ですから。意識に訴えただけでは伝えられない真理がある。言葉では伝えられない真理があるということです。その部分を含めて仏教思想だということになると、密教的な真理のとらえ方を、大なり小なり導入する必要性が出てくる。大乗仏教は、そういう言葉を使うか使わないかはともかくとして、密教と顕教をもつ必要性があった。根底に密教をもっているかたちです。ですから空海以前の古代の仏教の法相とか華厳の考え方も密教的ですよね、言葉では伝えられない世界があることをみているのですから。密教にはひとつの体制として確立された密教もあるけれど、密教的な考え方というかたちでは、大乗仏教のなかに入り込んでいるものだという気がします。修験は真理を言葉で伝えようとはせず、真理を識る方法だけを伝えている信仰でしょう。その方法が山での行。真理は密教的世界の方にあるから、言葉では伝えられない。

田中　修験は雑密との関係を深くもって生まれてきた。その後に東密、台密が確立されていっても、なお雑密的なものが民間の修験信仰の中に受け継がれていく。しかも修験の行を行ずる人たちには、増誉《ぞうよ》（一〇三二～一一一六、天台宗僧侶、葛城山や吉野大峯で修験道の修行をした。後に園城寺〈三井寺〉の最高位である長吏となる。一時期天台座主を務める。聖護院を開山）とか行尊（前出、平安後期の天台宗僧侶）、その前の聖宝（前出、平安前期の真言宗僧侶）とかがいて、みな大乗仏教の学僧であった。

宮城　彼らは密教学者でもあった。

田中　そして、修験者でもあった。その人たちを修験者とは普通はいわないんだけれど、それは修験や教団の側が修験者として扱っていないだけであって、僕は修験者だといってもいいんだと思う。

宮城　そうですね。僕もそういうふうに思う。

田中　修験の側が、修験を狭くしてしまっている。

宮城　増誉は修験の行をやっているけれど、普通は修験者増誉といういい方はしない。

田中　事実として、増誉は本山派修験の頭領のような人だったのですからね。行尊も聖護院、三井寺（園城寺）にとっては、大事な方でしょう。三井寺、本山派修験の法脈のなかでは、立派な大先達ですよね。

宮城　聖護院の開祖、増誉といういい方はするけれど、修験者の増誉という言い方はしてこなかった。ここらあたりにも、聖護院を本山とする教団（本山修験宗）としては、一考せねばならないですね。

田中　さらに例をあげれば、叡山の相応和尚《そうおうかしょう》（八三一～九一八、天台宗僧侶）は千日回峰行の開祖みたいな人ですが、和尚もまた大峯修行をしている。いまでは天台の不動明王信仰を象徴する人として崇められている。

宮城　そうです。

田中　相応和尚を修験僧だということもできる。修験僧として大峯修行をやっている時代があったわけですから。

宮城　そう。いろいろな人たちが、あるとき、修験の世界に身を置いているのです。近年では河口慧海《えかい》（一八六六～一九四五、黄檗宗《おうばくしゅう》僧侶、仏教学者、探検家。日本人としてはじめてチベットに入国した）も修験を体験していた。

田中　いわばプロの修験者の世界でも、そういう広がりや重なり合いがあって展開してきた。それが修験道のとらえ方を難しくさせているのですが。

宮城　そうですね。日本的な密教、大乗仏教のあり方が、そういう修験の世界をつくりだしていたのかもしれませんが。

田中　そこの視点は従来、あまり指摘されてこなかったように思います。

第二章　修験者という生き方

普通の人として

内山　明治以前には私たちのすぐ近くにも山伏がいたのですが、いまでは遠い存在になっている。修験者、山伏といっても実感が湧かないというのが普通だろうと思うのです。そこで、山伏とは何かということをお聞きしたいのですが。

宮城　私や田中さんは修験道のお寺にいますから僧侶でもあるし、姿も基本的には僧侶の恰好をしています。ではいつ修験者の姿をするかといえば、修行するとき。山伏にとっては修行の道場が山なのです。山での修行のときはもちろんですが、護摩を焚く護摩修行、托鉢にでる托鉢修行、そういうときに着るのが修験者の衣装なのです。私のいる聖護院は智証大師《ちしようだいし》円珍〈前出、八一四～八九一、比叡山延暦寺第五代座主、後に園城寺〈三井寺〉に移り、天台宗寺門派の祖となる。三十代に中国に渡り密教を学ぶ。また大峯、葛城などの山に入り、修験道の修行もした〉さんが開いた天台寺門宗園城寺、一般的には大津の三井寺といった方が馴染みやすいかもしれませんが、そこと縁のできた寺として生まれましたから、密教の法門、結びつきとともにあります。同時に役行者が開かれた山岳信仰、修験道とともにある寺でもあり、さらに天台宗の出発点にあった顕教の法華経の教えを受け継いでいる寺でもあるのです。そういう三道鼎立《さんどうていりつ》（法華経、密教、修験道の三つの思想を併せもつ）の寺が聖護院ですから、僧侶になったり、山伏になったりする。護摩も、山伏の護摩も密教の護摩も焚く。私はそういう寺とともにある僧侶なのです。だが一般的には、僧侶ではない山伏の方が圧倒的に多い。僧侶ではないけれど、山での修行を積み重ねていった人々です。聖護院がいろいろな修行の行事をするときには、山伏たちが鈴懸《すずかけ》（修験道独自の直垂に似た法衣、上衣）を着て参加する。そういう在家の山伏たちがどんな職業に就いているのかといえばさまざまです。在家の山伏たちは講をつくっていて、講のお仲間と山に行って修行をするというのが昔のかたちです。いまでもそうした講はつづいてはいますが、最近では個人として山で修行をする人も増えてきましたね。

田中　金峯山寺でも昔は一般の人たちを連れて奥駈修行に行くというようなことは、ほとんどなかったような気がします。やはり講や末寺（金峯山寺と結ばれている寺）をとおして参加していました。講が連れてくる人のなかに一般の人がいたかもしれませんが、それなりに山伏修行の経験があった。最近では一般公募をすると、昨日まで修験道や山伏のことをまったく知らなかったような人が申し込んできたりします。講の力が弱ってきているということもあるんでしょう。人と社会の関係も変わってきていますから、寺側もその変化に対応できるかたちをつくっていかなけ

山伏／装束の各部名称

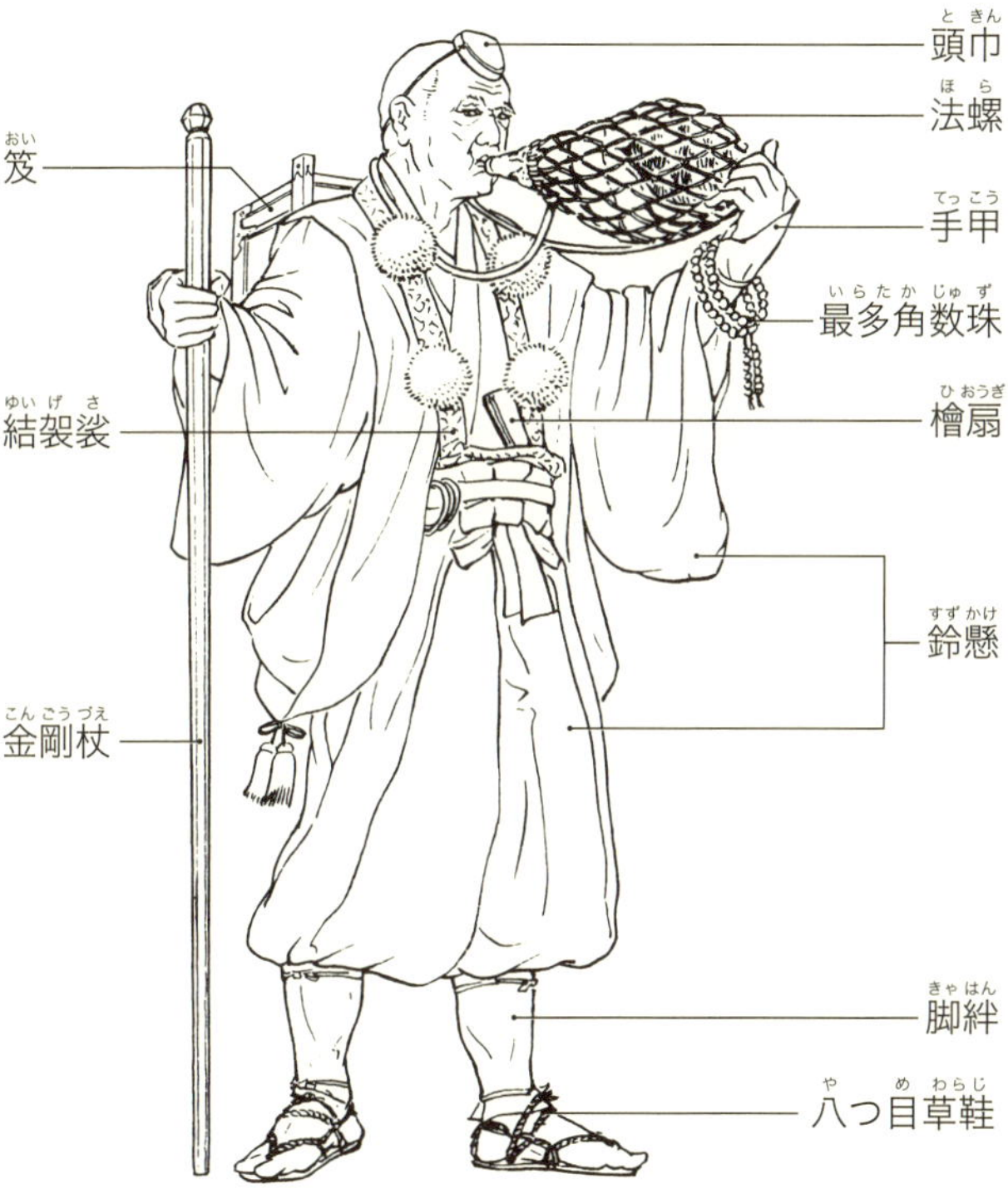

「山伏の装束の各部名称」。小学館『日本大百科全書（ニッポニカ)』「山伏」より

ればいけない。ですから公募修行のような新しい修行への参加の仕方も取り入れています。

内山　今日おこなわれている奥駈の多くは、吉野から峯々を歩いて、熊野本宮、さらには那智の滝、青岸渡寺《せいがんとじ》に向かう修行ですよね。ときには一週間ぐらい歩きつづける。それにいきなり申し込んでくるのですか？

田中　いま奥駈を一般公募するといいましたが、一般といっても、もともとはうちの機関紙・誌で募集していただけです。ですから誰の目にも触れるような、いわゆる公募ではなかった。本当の意味で一般公募しているのは、体験修行ですね。まずそこに参加してもらって、次に、たとえば蓮華入峰《れんげにゅうぶ》（金峯山寺が七月に蓮華会としておこなう正式入峰。二泊三日の修行。奥駈の初日分にあたる山道を一日約十三時間行じ、途中途中の神仏に蓮の花を供えながら山上ヶ岳の本堂に向かう）に参加してもらう。そういうものを終えた人たちが奥駈に参加してくるという順です。ただ近年では機関紙・誌だけではなく、ホームページやフェイスブックなどSNSを使って案内を出すなど、もう少し広く案内公募するようになってきていますが。

宮城　金峯山寺では奥駈も年二回行なっておられるし、一般の人たちの体験入峰もずいぶん開いていますね。

田中　体験入峰は四月の連休も含めて五月から十月まで毎月おこなっていて、基本は一泊二日で参加費は二万五千円前後。日帰りコースを六千円で行なうこともあります。基本的なかたちはまず吉野で結団式を開き、ガイダンスをして、山修行の心得を伝える。そして、二日目の朝、五番関というところまでマイクロバスで行って、そこから山修行に入り山上《さんじょう》（山上ヶ岳）を往復して、バスで帰ってくる。本来なら吉野から歩いて山上にあがるのですが、体験入峰としては行程がちょっと無理ですので、そうしています。この方法なら歩きはじめて三時間半あれば山上に行けますから。こういうかたちでの体験入峰を二十年以上前からはじめています。その一方で機関紙・誌以外でも広く案内を出すようになったので、蓮華入峰や奥駈にもいきなり参加を申し込まれる方が近頃はいます。しかし、山伏が山を歩く意味とか、修験の背景とか、山の論理とか、そういうことにそれまでの修行をとおして気づいてくれないと、修験の修行ではなくなってしまう。ですから本来は、体験入峰や講での入峰に参加した人が何かを感じとって次に蓮華入峰に行く。そうしてまた何かを感じとって今度は奥駈に加わるというステップを踏んでほしい。ただの肉体的挑戦のようになってしまっても困る。体験入峰のときは先ほど述べたように三時間半くらいで山上にあがれますが、奥駈や蓮華入峰だと二十四〜五キロの山道をまる一日かけて歩きますから、相当にきついです。講という昔からの参加方法が少なくなってきて、その代わり増えてきた一般参加者に応じるかたちで、彼らが奥駈までいける道筋をつくっていったというのが本当のところです。

宮城　とすると金峯山寺ではいきなり奥駈に来るという人はあまりいないんですか？

田中　とはいえ、やはり、かなりいますね。

宮城　いまの時代だから、いるでしょうね。

田中　東南院（吉野、大峯にある寺。金峯山修験本宗〈本山は金峯山寺〉の別格本山）がおこなっている奥駈でも同じですね。でもやはり、「いきなり」でない方が本人のためにもなるし、安全の確

大阪府
奈良県
和歌山県
泉佐野市
吉野
金峯山寺
順峰
逆峰
山上ヶ岳
(大峯山寺)
高野山
弥山
八経ヶ岳
大台ヶ原山
大峯奥駈道
釈迦ヶ岳
大日岳
玉置山
熊野本宮大社
田辺市
白浜町
熊野速玉大社
青岸渡寺
熊野那智大社
熊野灘
串本町
地図制作・スタジオサムワン

保という意味でも避けた方がいい。昭和六十一（一九八六）年と平成十一（一九九九）年に東南院の奥駈行がＮＨＫの特集番組で紹介されました。そうした放送があると、普段四十人か五十人くらいでおこなっている奥駈にいきなり二百人を超える申し込みがあったりする。しかしどんなに頑張っても新しい人（新客）は十人か十五人くらいしか連れて行けない。ただ、昔のような講や末寺をとおさずに参加してくる人のなかからも、本格的な山伏になっていった人もいますし、ついには寺をもつまでになっていった人もいるのですよ。

修験道と女性たち

内山　山上ヶ岳は、いまでは唯一残っているといってもよい女人禁制ですね。

田中　そのために金峯山寺の体験入峰は九月と十月だけ、山上ヶ岳を除いたコースをつくっているのです。私は女性も参加できる修験道ではなく、女性が、普通に参加する修験道でなければいけないと思っています。そこがうちの宗門でもなかなか頭がかたかった。今でも、「女性も参加できるのですか？」とよく聞かれるのですが、「女性も」という言い方がそもそもおかしいのです。修験道はすべての人に開かれているべきなのです。ただ現実には山上ヶ岳の女人禁制が解かれていないので、そこを通る修行に女性を連れて行けない。

宮城　聖護院がおこなう奥駈では、女性も一緒に聖護院を出発して吉野川で水行《すいぎょう》をして、吉野山まで歩いて上がる。翌朝三時か四時に出発して、女人結界のある五番関で男女に分け、男性は山上ヶ岳へ登りそこで泊まり、女性は洞川《どろがわ》（吉野から谷を下ったところにある天川村の旅館。洞川温泉があり、ここから山上ヶ岳に上る道もある）へ降りてそこで泊まります。翌日、行者還《ぎょうじゃがえり》か、弥山《みせん》で男女が合流し、後は一緒に熊野に向かう。聖護院の奥駈だと毎年参加者の二割から三割が女性だし、女性の参加はすでに伝統といってもいいくらいにずっとつづいているのですが、女人結界があるところだけはどうにもならない。

内山　山上ヶ岳の女人禁制を、早く解除してほしいと思っている修験のお寺もあるというような話は私も聞いています。昔からのかたちを守っていくのが伝統を守ることなのか、時代の変化に応じた新しいかたちを受け入れながら修験の精神を守っていくのが伝統の保持なのか、考える必要はあるでしょうね。

田中　女性が入ることによって、修行の空気が変わったりもする。もちろん男たちが妙に色めいて不具合を感じることもありますが、むしろ緊張感が持続できたりする。東南院の奥駈も、聖護院さんと同様に山上ヶ岳を避けて女性が参加できるコースをつくったり、いろいろやっています。その他、わりと早い時期から大護摩供修行に女性が参加したり、伝法灌頂会の入壇など他所に先駆けてさまざまな試みはしているのですが、山上の女人結界解除の問題は金峯山寺だけでは決められない。聖護院さんと一緒に働きかけてもそう簡単にはいかない。ただし、いままでつづいてきたからといって、女人禁制が永久不滅のものだとも、私は思っていません。

宮城　確かに大峯山修験の傾向としては、女人禁制の問題にあまり触れたがらないところがあるけれど、聖護院が奥駈をするときには、山上ヶ岳に女性がお参りできる日がくることも願いながら修行をつづけているのです。ですから、山上を含む結界（区域）は別として、あとは男性も女性も一緒に同じ厳しさで修行するというかたちをとりつづけてきたのです。

奥駈への道程

内山　ところで、奥駈についてもう少しうかがいたいのですが、普段、修験道との接点がなくなった人たちにとっては、山から山を歩きながら修行する奥駈のイメージが山伏のイメージにもなっていますが。

田中　吉野山には金峯山寺以外にもいくつかの修験寺院がありますが、それぞれの寺院が宿坊（宿泊施設）にもなっています。金峯山寺は東南院、聖護院さんは喜《き》蔵院《ぞういん》が宿坊と決まっています。こうした宿坊は山上にも山上参籠所《さんろうじょ》（寺がもつ坊。宿坊の役割ももつ）をもっていますから、聖護院さんは喜蔵院の山上参籠所に、金峯山寺は東南院、醍醐寺さんは龍泉寺の参籠所にお泊まりになる。翌日は弥山の山小屋に泊まり、三日目は釈迦ヶ岳から下がった前鬼《ぜんき》山にある聖護院さんの末寺のお寺（前鬼山小仲坊）に、金峯山寺の修行者だけでなく、大方の修験寺院の修行者は泊まる。前鬼はあのお寺以外に泊まるところがありませんからね。そんなふうにして熊野へと歩くのですが、だいたい一日に二十キロから二十四〜五キロくらい歩きます。もちろん途中途中、いくつもの拝所で拝みながら行ずるのです。この前鬼山までの三日でたいていのお寺は歩く行が終わり、後はバスで熊野三山を回ったりするのですが、東南院の奥駈はこの場所からさらに南にバスで行き、行仙岳からまた奥駈道に入り、玉置山《たまき》、さらに熊野本宮まで毎年歩いています。奥駈道には順峰《じゅんぶ》で入るコースと、逆峰《ぎゃくぶ》で入るコースがあります。吉野から入るのは逆峰になります。いまは大津の三井寺（＝園城寺）さんと那智の青岸渡寺さんが順峰のコースで奥駈をなさっています。ただし一気に終えるのではなく、毎年、少しずつ区切って、三井寺さんだと三年かけておこなっていますし、青岸渡寺さんは毎年の行程を数回に分けて行じておられます。やはり順峰にしても逆峰にしても熊野本宮が奥駈の起点であり、終点ですね。

宮城　厳しい修行ですが、その一方で宿坊ではお酒を売っていたりもするんですよ。といっても、自粛が基本です。

田中　そう、だんだん自粛する傾向が強くなってきましたね。昔は講の人たちが一緒に歩いたので、取り決めでこの範囲ならいいというようなことが自然にできあがっていたのです。しかしいまは普通の人が個人として参加してきますから、お互い自制していこうという雰囲気があります。いまは金峯山寺も東南院も全員禁酒です。それというのも山には緊張感をもって入らないと危ないですからね。歩いているときもそうで、昔なら谷側には金剛杖をつかないとか、危険を回避する手立てをみなが心得ていました。そのくらいのことは心得ている人が奥駈には来たのですが、いまはそういう基本的なことも知らない。申し込めば連れて行ってもらえるという程度に思っていますから、どうしても事前の注意や規制も厳しくなってきた。金峯山寺では最近、修行中は禁煙にもしました。僕は自分がお酒を飲むから酒は飲むなと言えるのですが、煙草は吸わないから煙草は吸うなとはなかなか言えませんでした。近年は本当に何の経験もない一般の方も参加するので、どうしても厳しくなりますね。

宮城　聖護院の奥駈では、初日に途中で山を下りてもらうこともあります。私どもの方は金峯山寺さんのように体験修行を設けたりしていませんから、いきなり奥駈にくることになります。六十人くらいが適当で、九月におこない、申し込まれた方に「一日二十五キロの山道を三日間歩きます。全コース六日間ですからそれに堪えられる気持ちできて下さい」と伝えてあるのですが、一日目の歩き方を見て強制的に降ろすこともあります。それを諒解の上で参加して下さい、参加したからといって必ず熊野本宮まで連れて行くわけではないということを、申し込みがあった段階でお伝えしています。実際に初日に二、三人がリタイアすることが多いですね。

もう一つ聖護院の場合は、服装についても決まりをつくっています。服装は聖護院ロゴの入った作務衣形式の略浄衣《りやくじようえ》という簡略化された白装束を着ていただき、お袈裟も必須です。ご自分の持っているお袈裟でもよいのですが、なければ聖護院のお袈裟を購入していただきます。お数珠も必要です。履き物は履き慣れたものでよいですが基本は白ですので、あまりカラフルなものはご遠慮下さいなどなど。やはり修行ですので、それにふさわしい姿での参加を求めています。奥駈のときには聖護院の者がだいたい六人、道中の奉納やお勤め、護摩のときなどに参加者を指導したりする奉行《ぶぎよう》が熟達の先達のなかから五、六人入り、他にもいろいろな役回りの者が入りますが、全員が一つの隊列で歩くという感じです。

内山　参加された方からはどんな感想が聞かれるのですか？

宮城　「ありがたかった」という声が一番多いですね。どうありがたかったのか、何にありがたかったのかではなく、ただただ無性にありがたかったと言う。

田中　うちも「ありがたかった」が一番多い。

宮城　やはりそうですか。ともかくも感謝したいという気持ちになってくる。

田中　奥駈の途中ではよく参加者に厳しく注意をするんです。先ほども言いましたように、緊張感をもって参加してもらわないと危ない場所もたくさんあるし、自分たちは修行をしにきているのだという意味も、自覚してもらわなければいけない。新しくきた人には当然知っているべき奥駈修行のルールも覚えてもらわないといけないし。そうやって三日間歩きつづける。東南院の奥駈だと八日間の修行になる。それを終えると、自然に満行《まんぎょう》させていただいてありがたかったという気持ちがわきでてくる。自分が歩き通したという達成感だけではなく、辛かったけれどみんなに支えられて、満行させていただいたという気持ちです。

宮城　そう、そう、それ。

田中　奉行にも支えられた、同行者にも支えられた。そして気がつくと神にも、仏にも、役行者様にも、千年以上もこの道を歩き続けた山伏たちにも支えられて……、ただただありがたい。

宮城　奥駈のときの最後の高峰に釈迦ヶ岳があるのですが、大変難度の高い峯なのです。本当に難儀して上がり着くと、等身大より少し大きいお釈迦様が下へ目線を向けて皆を見ているんです。そのお顔が、本当によくできた慈悲の相なんですよ。そのお姿に触れると、道中のいろいろなことが思いだされたりして、ただ無性に涙を流す人が何人もいる。私たちも「泣いたらええがな」と声をかけます。すべてをはき出せる場所が道中にはあるんです。人間が純粋さを取り戻していく場所が。

内山　何度も参加される方もいらっしゃるのですか?

宮城　山伏のなかにもおりますが、最近は一般の方でも多くなりましたね。

田中　終わったとき、「ありがたかった、きてよかった、来年も必ずきます」と言う人は、実はあまりつづけてはこない。「ありがたかったけれど、しんどいからもうこなくてもよろしいわ」と言う人の方が、気がついたら翌年もいたりしますよね。

山伏として生きる

内山　田中さんはどのような経緯で山伏として生きるようになったのですか?

田中　私は山伏だった父に連れて行かれて、五歳のときに大峯山上(山上ヶ岳)に上がった。

宮城　田中さんは五歳で行って、いまも山伏の世界におるが、私の孫もやはり五歳の時に山上ヶ岳に連れて行ったけど、大学に行くくらいの年齢になって、山伏にはならない、修験には行かないと言ってました(笑)。

田中　いや、わかりませんよ。五十歳になったときにはやっているかもしれませんから。いまはそうおっしゃられているだけで。

宮城　コンピュータの世界の方に進みたいということを考えていてね。

内山　一般的にコンピュータの世界で仕事をしていた人は、全然違う世界に移る確率が高いですよ。

田中　五歳のときにえた道筋が、よみがえってくるかもしれませんよ。

宮城　先祖代々受け継いできたわれわれのＤＮＡが、よみがえってもらいたいと思う。修験の脈々たるつながりの歴史を受け継いで生きてきたＤＮＡはあるはずだと思っています。

田中　私がなぜ五歳のときに山上ヶ岳に登ったのかというと、二歳のときに肺炎になって医者に「もうあかん」と見放されたんです。親父は国鉄の職員だったのですが、祈禱師でもあった。その頃はすでに国鉄を辞めて、祈禱師専職になって綾部という生まれ育った京都府下にある山間部の田舎町に住んでいました。当時、祈禱師は「拝み屋さん」とも言われていてね、私が死にかけたとき、母親が言ったらしい。「あんた、他人のことを拝んでいるのに、自分の子どもの命を救えんのか」と。ひどいことを言ったもんです。父親は山上ヶ岳のご本尊に「願」をかけて、この子が五歳になったら必ず連れて行くから命を救ってくれと拝んだそうです。そういう宿縁があって山上にあがったのです。私は正直いうと山はそんなに好きではない。宮城さんのようによその国の山まで行くような気は毛頭ない。日本の山でも滅多に行かん。修行だから、しょうがないから行っているような山伏なんですけれど、この歳まで奥駈に行ったりしたわけですから、やっぱり深い縁があるんでしょう。山上との縁というか、仏縁というか。

宮城　まさに仏縁だわな。理屈を超えた世界で結ばれている。

田中　父は大正五年に寒村の次男坊として生まれました。実家は普通の家だったのですが、国鉄に入ったこともあって全国いろんなところに行った。当時は国鉄職員だとただで汽車に乗れたらしい。人助けが好きだったようで、全国を訪ね歩きながら人助けにかかわるようなことをいろんな先生から勉強した。そのとき一番ご縁があったのが、家からそう遠くないところにあった金峯山寺の末の教会の先生だった。父はその先生との縁で山伏になり、自分でもいろいろ勉強した。そうやって勉強していたとき、数に神が宿るという考え方を応用した占術でもあり、除霊術でもある数霊学に出会った。数霊学というのは気学（日本で生まれたともいわれる占術。方位などから吉凶を占い厄除をすることが多い）の一種なのですが、数霊学と山伏の道が一本になっていった。だんだん人助けの道一本でやっていこうかという気持ちになっていったようですが、祈禱師だけでそう簡単に飯が食えるわけでもない。そんなとき師匠から跡を継いでくれと言われて、国鉄を辞めてそこに納まった。その後、二十五年くらいたったときに師匠の息子が帰ってきたので、教会は譲って自分の家を新しい寺にした。林南院《りんなんいん》というお寺です。ちょうど私が高校に行く頃だったんですが、父から延暦寺の宗内学校である比叡山高校に行けと言われた。私自身は山伏になろうとかお坊さんになろうとか思っていたわけではないのですが、親の言うことを聞く子でしたから、言われるままに比叡山高校に行ったんです。そうしたら地元の人たちも、跡継ぎがいるんだったらもっと本格的な寺をつくろうという話をしていたらしい。で、気がつくと、すでに抜き差しならないことになっていた。比叡山高校へは、中学三年の三月に得度を受けて宗内生《しゅうないせい》（通常の授業に追加して天台宗の教義などを学ぶ生徒）として入学させてもらった。そこからは、気づくと、もう坊さんになる以外ないような道筋で……。高校を出て、一年、吉野の本山で随身《ずいしん》（神仏にしたがう行）生活をして、龍谷大学で四年、その後叡山学院で二年、仏教の勉強をさせてもらって帰ってきた。帰ってきた寺が禅宗の寺とか真言宗の寺やったら山伏にはなっていなかったと思うんですけれど、帰るべき寺が私にとっては山伏の寺だった。それで、奥駈行のような本格的な山修行をしてないのに正統な山伏とは言われへんやろということで、山での厳しい修行をすることになった。山の修行は、虫はおるし、汚いし、本当にしんどい。いまでもそんなに好きではないんですけれど、山に何度も行くようになって、だんだん日本人の信仰のあり方がわかってきたような気がしました。

大学で学ぶ仏教は、仏教原理とでもいうべきもの、いわばお釈迦さんの教説はこうであったみたいなことは教わるんですが、日本の人たちが仏教とともに現実にはどんなふうに生きてきたのかは、教えてくれない。ですから、多くのお寺のお坊さんたちは、お釈迦さんの言ったことと、実際、人々のお寺への願いとの食い違いに、真面目な人ほど悩むことになる。たとえば、お葬式でも法事でも、お釈迦さんが全然言っていないことをしなければならない。みんなジレンマをかかえながら、職業としてのお坊さんをしている。

内山　お葬式や法事をお坊さんが取り仕切るというのは、仏教原理にはないはずですよね。それらは日本の伝統的な死生観が行わさせているもので、この死生観と融合しながら民衆の仏教は展開してきた。

田中　私の場合は帰った寺に檀家があるわけではないので、葬式もしない。

内山　そもそも江戸時代に幕府が寺に戸籍管理をさせて、そこから檀家制度、寺檀制度ができていったとき、修験道のお寺はこの動きからは排除されていた。ですから修験の寺は、人々の純粋な思いや、寺と人々の結びつきに支えられて、その歴史を刻んできた。

田中　檀家のいない、山伏の寺ですから、山の修行には強制的にでも行かなければいけないという思いが私にはあるのですが、そのことをとおして日本人が何を大事にしながら生きてきたのかがわかるようになってきた。神と仏を大事にする。さらにいえば神や仏と自分をつなぐ行を大事にする。いまでも私は宮城さんのように、山は行くだけで気持ちがいいという境地ではないんですが、いつの間にか自分は山伏ですと言えるようにしていただいた。五歳のときに親父の願掛けで山上に連れて行かれてから、もう半世紀以上が過ぎています。

内山　お父さんが造った林南院というお寺はどこにあるのですか？

田中　京都府北部にある丹波の綾部市なんですが、もともと丹波地方一帯は山上信仰、大峯信仰の篤いところなんです。村落共同体のなかに大峯信仰があって、みんなで大峯をめざして行く慣習が育《はぐく》まれていた。そこで生まれ育った親父が、より積極的に大峯と関わっていくようになり、その歴史が僕につながっていった。うちの弟は、いまは金峯山寺の管長職を務めていますが、大峯山寺の護持院である東南院の養子に入り、住職もしていましてね。役行者と綾部が結ばれて、綾部と父が結ばれて、私も弟も結ばれた。ものすごい縁ですよね。

宮城　代々の坊さんとか代々のお寺というのと違《ちご》うて、綾部の村落共同体やそこで生きたお父さんの覚悟という、まさに修験的な寺から出発したことが、田中さんの行者としての確固とした信念に結んでいたんですね。「にでもなろうか」というのと違う。

田中　でも嫌でしたよ。確かに一方に大峯講の世界が綾部にはあったのですが、その一方で父が市井の祈禱師だったせいで「拝み屋の子」とも言われていましたからね。同級生に禅宗の寺の娘がいたのですが、高校に行くときにその娘に「拝み屋の学校ってあるのか」と聞かれた。普通の仏教教団の人たちにとっては、修験はその程度の認識だったんです。いまはずいぶん変わりましたがね。

生きることが生み出す猥雑性に寄り添う

宮城　僕も龍谷大学の予科に入ったとき、仲間から「おまえのところは雑行雑修《ぞうぎょうざっしゅ》（念仏以外の諸行を修する、雑多なものを内包させた仏教）じゃのう」と言われた。そのときは、なんの意味だかわからなかった。江戸時代にも幕府からはそういう扱いを受けたし、明治になれば修験道廃止令がだされたし、そういうことを平気で言える時代がつづいた。しかし、いまではそういう声は聞こえない。

田中　だいぶん変わりましたね。一生懸命変える努力もしてきましたし。

宮城　ええ。

田中　普通の仏教教団との関わりも強めていきました。山伏って力あるんですよ。たとえば東大寺の千僧法要《せんそうほうよう》（毎年四月二十六日の青年仏教徒の日に行われる東大寺での法要。全日本仏教青年会の主催）で僧列を組んで大勢で歩くときも、お坊さんたちが黙って歩くより、山伏が先頭に立って法《ほ》螺貝《らがい》を吹きながら行くと力がでてくる。この仕掛けは私がしました。阪神淡路大震災のあと、震災の翌年から毎年一月十七日に全日本仏教青年会主催で神戸の街を十三年間、慰霊行脚もした。伏せ貝という吹き方で法螺貝を吹きながら被災地神戸の街を先導していくと、そのこと自体が意義をもつ。そういったさまざまな積み重ねで、普通の仏教教団の人たちも山伏の力を認めるようになってきた。

山伏には普通の暮らしをしている人がお坊さんよりはるかに多い。大工さんはいるし農家や鍼灸師、会社員もいる。いろいろな職業の人がいるから、何かあったときにそのことがすごい力になる。特殊な労働力も提供できるし、必要なものはだいたい揃えられる。同時にそれぞれの人がネットワークをもっているから、その人脈を利用して、さまざまな職能を持った人を集めることができる。

宮城　雑行雑修と言われたのは修験を程度の低いものとみなそうとしたということかもしれんが、僕は雑行雑修なればこそ、こうしたことができると思っています。雑多で、さまざまな人たちと歩んでいるからこそ、世の中がよく見えてくる。逆に一本のものだけでいこうとすると、いろいろなものを切り捨ててしまう。それでは僕は駄目だと思う。

田中　雑行雑修というい方は、正統ではないという意味でもあったと思うのですが、正統を求めれば異端が発生する。そこにはまた正統を権威化しようとする権力が生まれてしまう。そういう構造を超えていく純粋さだけを求めつづけるのが修験道ですから、修験はすべてを飲み込みながら山へと向かう道のなかにある。

宮城　そうですね。

田中　大事なのは、人が生きていく上で生みだしていく猥雑性を引き受けていく宗教でありつづけることです。純粋さを求めているのに、その猥雑性と寄り添う、猥雑性を享受できる信仰が山伏を生みつづけ、拝み屋さんを生みつづけてきた。だから修験は出家した僧侶ではなく、在家のままで修行をする山伏たちを軸にした在家主義を大事にしている。役行者自身が出家をしていない優婆塞だったわけですが、修験には一貫して優婆塞信仰があった。

歩きこむという修行

内山　宮城さんはどんな経緯から修験の道を歩まれたのですか？

宮城　もともとうちは在家だったんですよ。おじいさんが養子になって吉野山の修験のお寺の住職になったから、そういう家柄に生まれたのです。

田中　私よりはるかに、まっとうですね。

宮城　田中さんより一代だけ早いですな。父親は祖父が早う死んだものですから、すぐには跡を継ぐことができなくって、吉野の寺を出て京都の聖護院に上がって、学僧修行をしたんです。そのとき師匠に大変かわいがられて、親父も頭がよかったものだから、当時としては珍しく三高から京都大学に進んだ。師匠がこの子はもう離さない、吉野には帰さないと母親に手紙をだした。吉野の寺を継ぐのはあきらめろ、その代わり京都の寺をやるいうことで、父は京都に住むことになった。おじいさんが早う死んだおかげで、僕は吉野ではなく、京都に生まれることになったわけです。

田中　積善院《しゃくぜんいん》（聖護院に隣接する寺院。聖護院を本山とする本山派〈天台系〉山伏の筆頭寺院）の住職になられたのはお父さんの代からなんですか。

宮城　はい。昔から積善院は聖護院の院家《いんげ》（門跡に次ぐ寺格）であったが当時は役宅みたいなもので、本山僧侶が守ってきたのですが、親父がそこに定住した。だから、僕は積善院で生まれた。大学に入った頃も坊主になる気はさらさらなかった。しかし、得度は受けた。親父が、僕が中学二年のときふっと思いついたように得度せよと言いだした。戦争が激しくなってきた終戦の前年の十二月です。僕は、得度式って何かいな、というくらいの認識だった。そのときの写真を見たら、僕はがりがりに痩せている。たぶん親父はこう思ったんでしょう。戦争が激しくなって、他の都市のように京都も空襲を受けていつ死ぬかわからんようになった。だから、せめて仏門に入れておこうと。このことは、後で気がついたんですけれどね。親父の思いというのが伝わってくる記憶のひとつです。

大学に行っているときに、お寺を継がななららんと思いはじめたけれど、親父は僕に直接継げとは言わずに、どこかへでてみるかと言ってくれた。僕も渡りに船とばかりに、「じゃあ二、三年外にでるわ」と言って、新聞社を選んだ。親父は「それでよかろう。いろんな人に向き合えるし、そのかわり二年で帰ってこいよ」と。長いことといたら辞めにくくなるので、二年で帰ってこいと釘を刺されたわけですけれど、結局足かけ四年になってしまった。新聞社時代はありがたい時間でもあった。先入観をもたずに誰とでも会い、誰からでも話を聞く、そういう姿勢が身についたような気がする。で、新聞社を辞めて、その翌日に奥駈修行に参加したんです。浅はかにも記者時代の癖が抜けんで、カメラと8ミリの撮影機、いまだとビデオカメラみたいなものまでもっていった。平地ならどうということもなく歩いて行けるのに、上り坂になったりすると前を歩いている六十代か七十代の山伏に、どうしても離される。この差はなんだろうかと思った。平地になったり、下りになると追いつく。だけど登りになったらすぐまた離れていく。朝、喜蔵院（吉野山の中腹にある寺。聖護院を本山とする本山修験宗の別格本山）を出発して歩いていたんですが、前を行く山伏は出発したときのスピードと夕方、弥山に到着する頃のスピードがまったく変わらない。なんでこういう歩き方ができるんだろうと思うて、僕は終始その山伏をマークした。そのうち聖《しょう》宝八丁《ぼうはっちょう》という急坂を上る所に来た。ここはきつい坂で、年齢分だけ時間がかかるといわれている。二十歳の人は二十分で上れる、六十歳の人は六十分かかる。僕はそのとき二十六歳やったのに、何と六十分以上かかった。それでくやしいから京都に帰ってきてから、毎日大文字山へ登ったんです。一年通いました。朝食前に大文字山に入って、ダーッと駆け上がって下りてきて、それから朝飯食べて聖護院へ出勤する。翌年の聖宝八丁はなんの苦もなしに上れました。そのようにして僕は歩きこむということがいかに大事かを学んだ。あの山伏も、歩きこんできたからこそ、ああいう歩き方ができたんですね。

内山　朝飯前に大文字山に上ったというのは、どのくらいの距離なんですか？

宮城　往復二時間半です。麓までは自転車に乗って十分くらい。そこが標高一三〇メートルくらいで山頂が四六五メートルですから、だいたい三〇〇メートルの高さを二時間くらいで往復する。

内山　「歩きこむ」ことが大事なんですね。

宮城　そう。「込む」ですわ。つづけるということは、ものすごく大事。もうひとつ健脚を支えてくれたのが、葛城山脈のなかにある法華経経塚《きょうづか》の調査でした。平安時代の後半になるとお経を金属や陶製の筒などに入れて埋め、塚をつくって浄土に行けるようにお願いしたりする経塚づくりが広がるんですが、僕はその経塚を調べていた。ところが経塚の所在が明治の修験宗停止以後わからなくなって、テントを担いで山を上がったり、下ったり、歩き回った。大文字山と葛城山脈が、僕の脚を鍛えてくれた。

仏縁のなかに生きている

内山　聖護院と大峯、葛城。そのつながりのなかにいらしたんですね。

宮城　ところが親父は僕が聖護院に帰ってきて、一年半で亡くなりました。するといろいろな山伏たちから、親父はこうだったということを聞かされるわけです。「あなたのお父さんはこういうふうに歩いた。こういうふうに話をした」と。それがものすごいプレッシャーでね、俺は親父にはとても追いつけんと思った。しかし聖護院に入ってしまった以上、ついていかなしょうがない。この親父とともに歩むのは私の宿命なんだと、そんなふうに受け取って、親父の名を汚してはいけないと思いながら歩みはじめたのです。それが宿命ではなく、仏縁だと感じるようになるのはしばらくたってからのことです。そうして、いつの間にか俺はこの道しかないんやと聖護院を通じて考えるようになった。

床を拭くことからはじめたんですよ。そうしているうちに親父が愛していた聖護院への愛着が無条件なもの、絶対的なものになってきた。そういう気持ちになったきっかけは、恥ずかしいことやけれど聖護院のあり方をめぐっておきた分裂騒動、昭和三十六（一九六一）年の本山の内部分裂でした（本山の経済を支えるために経営していた旅館部門の運営を巡り宗内から異論が出て、聖護院は宗派から離脱し、宗派が分裂した）。そのとき、何としても宗派を立て直すんだという気持ちになっていった。明治の修験道廃止令で天台宗寺門派に合併させられていた修験宗を、昭和二十一（一九四六）年に親父が主唱して天台宗から離脱、本山修験宗として復興させた。この親父の思いを引き継いで、聖護院とともにいる全国の山伏をまとめていかなければいけないと。その後、聖護院とともに歩んでいた人々をもう一度ひとつにまとめるには、二十年ほどがかかったのですが、その作業に関わっているうちに、いつの間にか自分自身が絶対的な聖護院信者になっていた。この過程で聖護院とともにあった地方のお寺にもずいぶん行った。お寺や講の人たちが山に上るときにも一緒について行った。そして気がついたらいつの間にか山伏になっていた。引き受けている大学の講義のときにも、修験者の正装である鈴懸をつけて行ったりもした。山伏であることが大好きになってしまった。私の場合は田中さんのような大きな変遷はないですね。

田中　私こそそんな大きな変遷も出来事もなかった。高校、大学、叡山学院と来て、半年だけ父の友人の北海道日高の修験寺で、小僧として暮らさせてもらったことがあるくらい。そこの住職は霊能という親父とはまた違うかたちで人々に寄り添っていた行者さんでしたから、そこで暮らさせてもらってたくさん修験的な市井の宗教活動を学んだ。自坊（林南院）は坊主が何人も必要な寺ではないから、父が元気な間は帰ってもしょうがなかったので、さらに吉野の本山である金峯山寺でお世話になりました。そこで十年、二十年と勤めるうちに役職も重くなり、だんだん抜き差しならんようになっていった。綾部にある自坊のことも気になったのですが、父が年老いてきてもまだ帰れずに吉野にいた。考えてみると、宮城さんのように新聞記者もしていないし、他の職業に一度も就くことなく、まっすぐにここまで来た。坊主以外はしていない。ですから、あんまり世間をみていないんですよ。

宮城　だからこそ純粋になれるともいえます。

第三章　つながりのなかを生きる

風土の記憶

内山　日本の近代史は、修験道にとっては過酷な歴史だったという気がします。そのはじまりは明治元（正しくは慶応四、一八六八）年にだされた神仏判然令（一般的には神仏分離令とも）だった。それまでの日本の寺社は神も祀るし仏も祀るのが普通で、大きなお寺だと境内に神社をおいて神官がいたり、また大きな神社になるとやはり境内に寺があり僧侶がいることもよくあった。神と仏が一体になってこの世界を守っていると人々は考えてきたのです。修験道は神も祀るし仏も祀る神仏混淆《こんこう》の信仰だったのですが、明治元年の神仏判然令によって、神と仏を分けなければならなくなった。それに伴って廃仏毀釈の動きが広がり、仏像や寺の破壊が各地でおこなわれた（たとえば奈良の興福寺では二千あまりの仏像・仏具が壊され、寺の建物は薪用に売却されたばかりか、僧侶は神官になるか還俗するかが迫られた）。その後に神の世界は神社の統廃合や、倭武《やまとたける》や木花咲耶《このはなさくや》姫《ひめ》のような天皇家とつながる神へのご神体替えがおこなわれ、国家神道へと集約されていくのですが、この過程で神仏習合的な信仰を守ってきた修験道は大きな打撃を受けている。

さらに追い打ちをかけるように明治五（一八七二）年には修験道廃止令が出され、日本の近代史の出発点から、修験道は過酷な歴史を強いられることになった。それでも自然信仰とともに生きようとする人々は地下水脈のように残っていくのですが、戦後の高度成長やバブルの時期をへて、このような水脈もまた弱ってきた。しかしそういう厳しい歴史も終わり、修験道に関心を抱く人たちが増えはじめたのが、近年の傾向のような気がします。吉野の金峯山寺や京都の聖護院で募集しておこなう山伏修行に参加する人も増えていると思いますが、どうしてここにきてそうした傾向が生まれはじめたのでしょうか。

田中　戦後の日本は、帰属するもの、結ばれるものをどんどん失っていく歴史でした。高度成長が終わるまでは、企業という帰属するものがあったようにも思えますが、企業という帰属先は定年になれば消えてしまう。結局、本物の帰属先ではなかったのです。日本列島に暮らした人たちが、もしかすると縄文時代以来、気の遠くなるような長い歴史の中で帰属してきたのは何かというと、それは風土という言葉に集約されると思うのです。自然とともに暮らした人々が、自然との独特な関係をつくりながら、社会システムや文化をつくりだしていった。そうやってできあがっていった風土に人々は長いあいだ帰属してきたのですが、それが明治からのわずか百五十年、あるいは戦後の七十数年のあいだに壊れていった。

ところが帰属するもの、結ばれたものがなくなってみると、生きる意味とか生の充実感、自分の役割などがわからなくなってきた。そこから、自分たちは何を忘れてしまったのだろうという空洞感のようなものが広がってきた。ですので、自分は何に帰属して生きていったらよいのかをみつけ直そうという思いが、今日では広がりはじめていると思うのです。企業のような皮相的で幻想でしかない帰属先ではなく、本質的な帰属先を、です。そういう思いを抱きはじめたとき、自然がつくりだした風土とか、その風土と寄り添っていた人々の側の信仰が視野に入ってきたのではないでしょうか。

宮城　それとともに、風土のなかに内蔵されている「風土の記憶」とでもいうべきものを強く感じます。風土がつくりだしたDNAという表現もできるのかもしれませんが、願いの体系のようなもの、それが仏教渡来以前から日本の風土のなかにはあって、それがいま甦りはじめているのではないでしょうか。

田中　僕が不思議に思うのは、風土のDNAみたいなものは、日本列島に住んでいる人々にとっては、誰でも、どことなく諒解できるものだということなんですね。最近では山伏修行に参加してくる外国人も増えていますが、外国からきた人も日本の風土を感じながら生きていると、いつの間にか、風土という文脈がつくりだした文化や信仰、自然観が諒解できるものとして感じられるようになってくる。それはあたかも、風土という土のなかで生きていたウイルスに感染してしまうかのようです。

内山　山や自然に霊力を感じるというのも、山や自然に実際に霊力があるからなのか、それとも山や自然に霊力を感じる感性の記憶がこの風土のなかに内蔵されているからなのか。こういうことは合理的には説明できないから、その両方が共鳴し合っているとでも思っておけばそれでよいのだと感じていますが、最近では留学生でも日本の風土に馴染んでくると、たちまち風土の記憶を受け継ぎはじめる人たちがいますね。

田中　ナショナリズム、国家主義と接点をもつような日本人観ではなく、私たちはたとえその人の元の国籍がどこであったとしても、日本の風土の記憶を受け入れた人々が日本人なんだという日本人観をもった方がいい。もともと日本列島にはいろいろな地域からきた人が住み着いて、次第にこの風土と融合し、またこの風土の担い手になった結果、その人たちが日本人になっていったのですから。最近では歌舞伎でも、浄瑠璃や能でも、国籍だけの日本人以上に本質的なものをつかんでいく外国人がいたりしますから。

宮城　そう、総花的に浅く日本を語るのではなく、深く日本の文化や風土のなかに入ってくる外国人は確かに増えている。

三世救済の思想

内山　風土の記憶の甦り、という表現を使うと、今日では、その甦りが自然に対する祈りのような心情とともに復活しはじめているという気もするのですが。

宮城　自然に対して、私たちの先祖がたえずつづけてきたのが祈りなのだから、祈りという作法をとおして自然を知る。祈りをとおして自然と人間のあり方を知る。祈るからこそみえてくる、感じられてくるものがある。風土がもっている、そういうものから次の歩みを知る。

田中　金峯山寺のご本尊は蔵王権現ですが、すさまじい形相をされている。片足で大地をがしっと踏みしめ、片足で蹴り上げ、片手で振り下ろす。片足で大地をつかんでいるのは天地の揺るぎを鎮めるためで、もう片足で蹴り上げているのは天魔の悪夢を払うということです。このあり方は日本人の自然に対する祈りの姿でもあるのです。一方では大地をつかんで自然とともに生きようとし、他方では荒ぶる自然の災禍を打ち払おうとした。その両方の祈りを同時にすることによって感じられる世界、そこに日本の風土があったのです。

内山　蔵王権現は日本でしか信仰されていないですね。インド、中国の仏教の仏様にはいないし、『古事記』『日本書紀』の神々にもいない。確か、役行者が大峯山中で修行をしていたとき、過去世を救済する仏として釈迦如来が、現在世を救済する仏として千手観音が、未来世を救済する仏として弥勒菩薩が現れた。役行者がその本体を感得しようと念じると三体が応現して蔵王権現となって現れた、とされている。

田中　権現思想自体も修験道がもちつづけたものですし。

内山　権現という考え方は、もともとは釈迦が到達した真理、智慧である仏陀と釈迦の関係として語られた、大乗仏教からきたものでしたね。上座部系の仏教（かつては小乗仏教ともいわれ、南アジアに広がった）は、釈迦が解脱＝悟りを開いて仏陀になったと仏陀を人格的にとらえるのですが、紀元前後にインドではじまり日本に伝わってきた大乗仏教では、仏陀を真理、見えない本質としてとらえ、この本質が姿を現したとき釈迦として現れるととらえた。見えない本質がかたちをもって現れるのが権現ですが、僕が面白いと思うのは、蔵王権現も三体の蔵王権現であり、三世救済という思想をもっていることです。普通に考えれば現在世と未来世は救済できるとしても、過去世はすでに終わったものなのだから救済しようがないということになる。ところが修験道では過去世も、救済の対象になっている。

田中　非常に面白いですね。こういうかたちの三世救済は仏教にはない。インドで生まれた仏教は二世安楽なんです。過去世は問題にしない。でも蔵王権現は三世救済。

宮城　ええ、修験は三世救済ですね。

田中　お釈迦さん以来の元初の仏教は過去世を相手にしていないんですよ。それに対して修験道は先ほども内山さんが言ったように過去世の救済を視野に入れる。

宮城　お釈迦さんの考え方は、「過ぎ去れるを追うべからず」だったと伝えられている。

田中　過去世は相手にしなかった。もともとの仏教は二世安楽しか祈らない。ところが金峯山寺の蔵王堂では昔から、お釈迦さんが過去世、観音様が現在世、弥勒様が未来世を守っていて、この過去・現在・未来の救済を役行者が願っていると蔵王権現が現れてきたという考え方をずっと継承してきた。しかもかたちは違っても、直輸入された仏教ではなく、日本で育った仏教は先祖供養に熱心ということも含めてこの三世救済の思想を取り入れているんですね。

宮城　修験道には独自の輪廻の思想がある。輪廻というと死後何度も人間や他のものに生まれ変わるという上座部仏教やチベット仏教（チベット独自の密教）の考え方を思い浮かべますが、修験の輪廻の思想はそれとは違う。むしろ絶えず生まれ変わる、いまこの瞬間に生まれ変わって新しい人間になる。その生まれ変わるところに死があり、誕生がある。修験は山で荒行をしますが、そこで何をめざしているのかといえば、「これまでの自分」の死です。体力の限界まで修行をして、これまでの自分を死に追い込む。そして新しい自分として再生する。

修験には死と再生の繰り返しのなかで人間は存在しているという思想、独自の輪廻思想があるのです。そうやってつくられている現在世は、過去とのつながりのなかに存在している。過去は過ぎ去ったものではなく、現在世の基盤としていまも存在しつづけている。ですから過去世を救済しないと現在世も救済できないし、未来世も救済できない。

内山　現代の人たちでも、壁に突き当たると、生まれ変わりたいと思ったりしますよね。そのときの「生まれ変わりたい」は本当に死ぬということではなく、これまでの自分とは違う生き方をしたいという意味。つまり死を永遠の断絶としてとらえるのではなく、死もまた生と結び合う関係のなかにあるものとしてとらえる。われわれは生と結ばれ、死と結ばれながら生きているという死生観があった。それは自分の過去という意味での死でもあるし、自分の現在世を支えている過去の歴史という意味での過去でもある。

宮城　修験の世界というのは、そういう輪廻の世界のなかを絶えず歩いているわけなので、過去を救済することに大きな意味を感じてきた。

田中　二〇一一年の九月にだされた『文明の災禍』（新潮新書）のなかで内山さんは、復興というものはご先祖や亡くなった人たちとのつながりも視野に入れた復興でなければいけないとお書きになっていましたけれど、そういう視点を失っているのが今日の日本だといえる。政治家も評論家も誰もそんなことを言っていない。でもそういう視野のなかで考えていくのが日本的だと思うんです。

内山　津波で亡くなった人たちがつくりだしてくれた過去があるから、生き残った人たちのこれからもあるし、未来への思いも生まれる。原発事故についていえば、原発を推進してきた過去があるから、事故後の現実もある。ですから原発を推進してきた過去を救済しないと、原発無き社会もつくれない。原発を推進してきた過去を救済するとは、それをよかれとしてきた過去から、申し訳ないことをしてきた過去へと過去を位置づけなおすということでもあるのですが、申し訳ない過去をつくってしまったという思いがあってこそ、過去を救済したいという祈りもでてくるし、それまでとは違う未来に向かって歩むこともできる。つまり、過去、現在、未来を同時に救済するということなのです。

すべてはつながっている

田中　ちょっと違う話かもしれませんが、奥駈行の最中のことです。山で修行をしているときは、いろいろなところで般若心経を唱える。そのときは七つ池という靡《なびき》（大峯奥駈道の拝所）のところで唱えていたのですが、あそこでは大木に向かって拝むかたちになる。気がつくとその大木に青虫がいて、般若心経を上げている間、私の目の前でその青虫が上へ上へと木をのぼっていくんです。その姿を何とはなしに見ていたら、突然この青虫は僕の過去世の姿やったなと感じたんです。

「あっ、俺、過去世は青虫やったんや」とそのときは本当に思った。この青虫が本当にいとおしかった。でも、「おまえはいま人間として生まれてきて何してんのや」と言われてる気もしたんですね。青虫として人生を終わっていく一生があって、いまこうやって人間として生まれてきて、今度はちゃんとせいと言われてるような気がした。自分の過去がいま姿を現している、山で修行をしているとそう感じられるときがあるんですよね。

宮城　僕は親父も修験者だったのですが、山を歩いていると、親父が一緒に歩いている、さらに先祖も一緒に歩いている、そういう感覚が絶えずある。一緒に歩かしてもろうている、とでもいえばよいのかな。修行をしていると、人間が率直になっていく。そういう世界が山の修行のなかにはあるのです。

内山　太古からのつながりのなかで生きていると感じられるような……。

田中　山をくたくたになって歩いていると、自然にあるものを率直に受け入れられる自分が、たぶんできるのでしょうね。これも何年か前のことですが、大峯山中の七面山の遥拝所で勤行をしていたとき、目の前にある岩や木や草が自分と同じものであって、宇宙とつながっている自分の存在を感じたことがあった。みんなつながっているというような感覚です。悟りとかいう、そういう高尚なものではなくて、山の修行をしていると率直な自分に、率直な存在としての自分に気づかされる。そういうものがあるから、現代のような時代でも修験道はまだ命をもちつづけることができるんだと思いますね。僕みたいなぼんくらな人間でも感じるんですから、優秀な人はもっと感じるはずです。

宮城　山の修行は人間を純粋にさせるのでしょうね。日常の複雑な世界から、非常に単純自然な世界に入っていくでしょう。単純自然な世界に還っていったとき、純粋な世界がみいだせるようになっていく。

田中　山じゃなくても、もしかすると海でもいいのかもしれないけれど、そこに自然に還るということの意味があるのでしょうね。でもね、そこに拝むとか祈るという行為がともなわれていないと駄目なんだと思うんです。僕は山を根本道場とする坊主、山法師《やまほうし》ですからそう思うのかもしれませんが、祈ることではじめてみえてくる世界がある。

宮城　祈りをとおして自然と結ばれるという行為がなければ登山家になってしまう。

田中　奥駈のときは一日に十何時間か歩くなかで、何カ所ものところで立ち止まって、般若心経を読んだり、真言を唱えたりしながら拝むんです。祠で拝み、岩に拝み、石に拝み、木に拝む。自然そのものを拝むんです。そういうことをとおして、日常のいろんなものがとれていく。しがらみも、煩いも、重圧やプレッシャーも。いろいろなものがとれていったとき、はじめて自然に対して率直に向き合っている自分が存在してくる。自然という聖なるものを拝み、祈りを捧げることで、率直な自分が磨き上がる。拝む、祈るという行為をともなうから、率直な心が再生していくのではないかと思います。

宮城　修験も仏教も、祈りの行為がなかったら何もみえないものになってしまう。

内山　哲学の歴史を振り返ると、あくまでキリスト教的な意味でですが、神と結ばれることによって真理がわかるという考え方が中世の哲学でした。それが、近代に入るとひたすら分析し、考察することによって真理を手に入れようとする哲学に変わっていったのです。しかし僕は、祈りがあってこそ認識できる世界があるという考え方を回復していく必要性があると思っている。もうひとついうと、キリスト教は『聖書』というかたちで真理を明らかにしているのですが、日本の自然信仰には『聖書』のようなものは存在しない。祈りをとおして真理をつかむといっても、そこには見えてくる純粋な世界があるだけ。そのことが面白いですね。結局自然も信用しているけれど、人間も信用しているのでしょう。真理を語った文献があるということは、反面、文献がなければ人間は道を踏み外し、誤りを犯しかねないという一種の人間不信があるということでもある。文献のない信仰というのは、文献で明らかにしなくても誰もが真理に到達できるという人間への信頼があるから成り立つものでしょう。

田中　ただしその方法は提示されている。それが「拝む、祈る」という行為なのです。だから奥駈に参加した人には、とにかく拝めと言う。君たちは単なる登山にきたのではないのだから、修行にきたのだから、経本を渡して、とにかく拝め、と。そのことを率直に受け入れられる人は自分のなかで得るものが多いし、率直に受け入れられない人はつらいことばかりになる可能性が高い。

内山　近代登山は山を征服するために登るわけですが、修験は逆に山に征服されるために歩く、と考えてもいいのですかね？

田中　包まれるというか、同化するというか……。

宮城　包まれるだろうね。

んです。

山頂は通らない

内山　ずいぶん前のことですが、山奥で釣りをしていて、釣りをやめて崖を登っていたとき岩が落ちてきて、まずいことになったことがあるんです。ああこれでお終《しま》いかなと思ったのですが、そう思った瞬間に、ともかくきれいな空が見えて、空ってこんなにきれいだったのかと感動したんです。

宮城　瞬間に？

内山　ええ、その瞬間に。

宮城　あるいは心のなかに見えたのかもしれませんよ、それは。

内山　山のなかですからいつでも空はきれいなのですが、そのきれいさをはるかに超えた空が見えた。死にたくないとか、何とかしなければとか、そういう気持ちが全部吹っ飛んじゃって、ただただ空はこんなにきれいだったのかという、それだけの気持ちになった。幸い岩の下敷きになった片足を引き抜くことができたので、軽いケガですんだのですが。

宮城　死ぬかもしれんときに、そういうことを感ずるんですね。実は私も、大日岳を歩いていたときに落ちたことがある。大日岳の山頂は非常に狭い岩場で、裏側が斜面になっていて、少し下から一枚岩が百五十メートルほど落ち込んでいるのです。歩くときはその岩の上のところをぐるっと回って、元の道に戻っていく。そこの棚の、幅わずか二メートルか一メートル半くらいの棚のところの手前で、私、失策しまして、転落してしまった。ここで転落したら下の一枚岩のところに確実に落ち込んでいくので、一巻の終わりになってしまう。木が折れたので、しまったと思って草にしがみついたらその草も抜けてしまった。その後のことは何も覚えていません。しばらくしてみんなの声に気がついた。みんなが私を助けようとしていたんですね。私はその崖の途中で逆さまにぶら下がっていた。転げ落ちていく途中に二股になって生えている木が二本あって、この間に足が入って逆さまにぶら下がったのです。そこに足が入っていなかったら、谷底に一直線です。気を失っていたときは、百五十メートルほどある岩場を転げ落ちていく自分が見えました。えらいこっちゃとか、痛いとか、そんなことは何もない。谷底に落ちていく自分が見えているという不思議。死の世界に追いやられた自分を見ている。不思議なことを見せてくれるもんだなと思いました。そういう体験をして、いよいよ山から離れられん思いになったんです。転落していったのは、過去の自分やったかもしれん。もちろんその翌年、大日岳にお礼参りに行きました。

内山　山はときどき不思議な体験をさせてくれるんですね。

田中　奥駈修行が山伏にとってなぜもっとも素晴らしいもののひとつとして位置づけられているのかというと、靡修行《なびきしゆぎよう》というのですが——「靡」というのは役行者の教えに「なびく」という意味でもある——過去世との連続性のなかにいまの自分が置かれているからです。役行者がその道を開いた。以降千年以上にわたって、毎年同じ道を山伏たちが歩いてきている。毎年同じ道を、同じように歩く。そのとき二十年前の自分ともつながっているし、自分の父ともつながっているし、過去の山伏たちともつながっている。役行者ともつながっている。そういう場所をいま自分は歩いている。まさに役行者や過去の先達との連続性のなかにいまの自分が存在している。そこに山伏のアイデンティティがあるし、山伏がさらに山伏になっていく時空がある。

宮城 そう、まさに歩いているときに。この岩は親父も踏んだんだろうなという思いと一緒に歩いている。

田中 登るだけだったら、楽しい山はいっぱいあるかもしれません。でも僕は登山家ではないから、過去とつながり、過去の山伏たちと同じように拝みながら歩く山にしか登らない。大峯の山には人々が拝んできたいくつもの場所がある。大峯には山に刻まれた宗教文化があるんです。

宮城 拝まない山は修験の山ではない。いや、すべての山は拝まれるものでしょう。

田中 そこに本質的なものがある。神様でも、人々が拝みつづけなくなったらあかんのです。どんなにありがたい、霊験あらたかなる神様でも、人間が拝みつづけていないと力がなくなる。聖地も同じで、拝みつづけられることで、聖地は聖地でありつづけることができるのです。

宮城 そうです。

田中 役行者が拝む山を開いた。その道を山伏たちが歩きつづけ、拝みつづけた。そしていま自分も同じことをしている。拝みつづけられた山に抱かれている。

宮城 われわれの根本道場は大峯・葛城。大峯の行者としてはそこが一番いい山なんですよ。役行者が葛城で修行し、大峯に入った。この拝まれつづけた山に抱かれて山伏になっていった大峯の行者としては、この山が一番いい。もちろん富士山も御嶽（山）も拝む。どちらも修験の山ですから。でもわれわれは大峯・葛城を歩き、山伏の原点とは何かを教えてもらってきた。そういう風土の徳がこの山にはある。拝まれてきた山に行くと、心がときめくんですよ。山頂の神にまみえるときめき、とでもいうんかな。われわれが山頂へ行くのは、拝みつづけられたつながりのなかに加わっていくため、拝むためなんですから。

田中　山伏は、本当の山頂である三角点は避けますよね。

宮城　三角点を踏んだとか、この山の頂上を征服したとかいうことが修験の目的ではないからね。富士山でも三角点は通らないし、御嶽もそう。

田中　山伏が開いた修行の道はすべて三角点は避けています。

宮城　新潟の苗場は平たい山頂のなかに三角点があるから行ってしまうけれど、巻機《まきはた》でも八海山でも、新潟の修験の山を思いだしても、山伏の道は三角点は通っていない。

田中　山頂は踏むところではなくて、神仏が坐すという拝む対象ですからね。自然に包まれ、山に包まれ、拝み続けた過去に包まれる。そのとき過去世が感じられて、聖地性に包まれる。だから、そういうつながりのなかに修行がある。

宮城　そのつながりの一番奥に役行者がいる。われわれがつながっていくのは、役行者に帰一していくつながりなんです。そことつながることができるのは、千年以上、同じ道を歩き、同じように拝んできた山伏たちがいるからです。

第四章　生活の中に入り込んだ信仰

ヒマラヤでの護摩行

内山　宮城さんはヒマラヤの山にも登りに行かれたそうですね。

宮城　アンナプルナのベースキャンプまでですが、十二日間行ってきました。ベースキャンプで柱源護摩《はしらもとごま》（かつては修験道の秘法とされた究極の護摩法）を焚いたんですよ。東日本大震災の前に立てた計画だったのですが、三月十一日のためにヒマラヤでも護摩を焚こうという思いになった。

内山　一緒に行った方々はどんなふうに宮城さんを見ていたのでしょう。

宮城　この企画に加わっていたのは、山ボーイより山ガールの方が多かった。少しつらい登りになったとき、私の口から自然に掛け念仏が出たんですよ。懺悔《さんげ》、懺悔、六根清浄《ろっこんしょうじょう》、六根清浄……。それに歩調を合わせながら歩いていたら、「宮城さん、いま言わはったの、それ何？　花をまきながら歩くの？」と聞かれました。

田中　懺悔を散華《さんげ》と思ったのですね。

宮城　そう。「懺悔《さんげ》は仏教読みで懺悔《ざんげ》のこと」と話したら「何を懺悔するんですか?」と聞くから、「六根（人間がつくりだしている意識。仏教では人間は六つの認識装置＝意識をもつとされる）が起こしているもろもろの罪を、私たちは一歩一歩懺悔しながら歩く」と教えてあげた。「懺悔」も「六根」も彼女たちにとってみれば、珍しい言葉だったんでしょう。それからアンナプルナのベースキャンプで柱源護摩を焚いたんですが、主催者にはあらかじめお断りを入れておいた。気温がマイナスの世界ですから、護摩を焚くと火にあたりにくる人がいてもやむをえんな、と思いながら護摩行をしたのですが、実際には火にあたった人は一人だけでした。そればかりか、護摩を焚いて般若心経を唱えていると、「懺悔」も「六根」もわからない人たちが手を合わせている。自然と畏怖の念がでてくるんやなと、そのとき思った。護摩は僕の行やし、皆さんも一緒にとあえて言わなかった。写真もどうぞと言った。それなのに、何人かが手を合わせているのを見て、僕は救われたような気がした。山ボーイも山ガールも神仏に祈る場に会えば、自然と祈る気持ちになるんですね。

内山　ところで山ガールのブームの底には、近代登山とは違うものもあると思いますか?

田中　今の山ガールブームも含め、日本でもいまどきの登山は、根本には西洋の近代登山の影響があるんですね。「山を征服する」という考えです。とはいえ西洋的な登山の手法で山に入っているはずの日本人には、やはりどこかに、日本の風土が培ってきたものがあったりする。

宮城　それは大いにありますね。アンナプルナに行ったときも、僕は歩くこと自体が楽しみになっているから、自然が私を受け入れている、そのなかに自分がおかれている、自然に育まれている自分という感覚だった。他の参加者たちは如何かなと思っていたが、護摩を焚きはじめるとわかった。手を合わせ、祈るようになる。そういう様子を見ていると、人は共通する部分はなんぼでもあると思った。

内山　若い人と付き合っていると、日本の人たちが基層的にもっている精神は簡単にはなくならないんだなと思うときが僕にもある。信じるというより、神仏を受け入れるという気持ちはどこかにあるし、自然に人間を超えた畏敬を感じるというのも、普通の感覚としてもっている。

精神の古層にある普遍

宮城　僕はこの感覚は日本だけのものではないと思っているんですよ。たとえば西洋の人たちでも、森のなかに妖精や悪魔が住んでいると考えてきたでしょう。キリスト教が広がっていくなかで、そういう解釈になっていくのでしょうけれど、それは森のなかに神々を見たキリスト教以前の精神風土の投影だと考えてもいい。森に住む悪魔といっても、日本でも鬼は下等神として見られもしてきたのだから、悪魔の住む森と鬼の住む森には共通するものがあるのかもしれない。キリスト教が入ってきたことによって、それまでの森の神々が妖精や悪魔として語られ直されていく。ケルト神話などを読んでもそういうところがありますよね。

田中　僕は一度だけヨーロッパに行ったことがあります。大峯奥駈道が世界文化遺産に登録された年でした。奥駈道は道としては世界で二番目の世界遺産登録だったのですが、最初に登録されたのが「サンティアゴの道」、そこに行きました。

宮城　巡礼の道ですね。

田中　フランスからスペインにかけての、サンティアゴ・デ・コンポステーラ大聖堂（聖ヤコブを祀る）に至る巡礼の道です。その道の大部分を車で移動したんですが、沿道にある田舎の町の教会には、どこでもマリアさんと聖ヤコブが祀られているんですよね、まるで観音さんとお不動さんが各地に祀られているように。ヨーロッパというとキリスト教、一神教と簡単に決めつけてしまうところが日本にはあるのですが、人々の信仰のなかにはもっと多様な神々がいるという気がしました。

内山　キリスト教は広まると、その前の信仰をみんな壊してしまうところがあるので、キリスト教以前のヨーロッパにどんな信仰があったのかは、よくわからないところもある。もともとは自然の神もいたし、泉の神とかいろんな神様がいたようですね。特にスペインではサンタ・マリア信仰が盛んですが、この信仰はどことなく日本の産土神《うぶすながみ》（土地神様とも。その地域の自然と人間の世界を守っているとされる）信仰、土地神様信仰に似ていて、その大地を生みだしていった神様がキリストを生みだしたマリアに移行されながら、今日もなお地元の神様として信仰を集めているという感じです。街角にお地蔵様みたいに祀られたマリアさんの蠟燭の火が絶えない。みんな立ち止まってお参りしている。

田中　僕らはプロテスタンティズムの聖書原理主義みたいなものを、キリスト教、一神教とみなしてきていましたからね。

内山　産業革命がはじまる直前の十八世紀の終わりくらいだと、フランスで文字を読める人はだいたい人口の一〇パーセント程度しかいないんです。それはヨーロッパのどこの国でも似たようなもので、ですから聖書は実は王侯貴族や大商人、知識人たちだけのものだったんです。近代のキリスト教は聖書原理主義になりますが、それ以前は聖書が読めないキリスト教なんです。少なくとも庶民にとってはの話ですが。しかも当時の聖書はラテン語で書かれていた。司祭さんの話を聞いて間接的に聖書のことを知るということはあったでしょうけれど、寝る前に聖書を読んで一日を反省して、なんていうのは近代以降のことなのです。つまりそれまでのキリスト教は、個人が聖書を読んでというようなものではなく、村の暮らしとともにある宗教だったんです。だからある程度土着の神とも融合するし、それがキリスト教的にまずいということになると、宮城さんがおっしゃったように妖精や悪魔になったり、あるいはマリアさんに移し替えられたり、そういうことをともないながら村々にキリスト教が広がっていった。地方の教会に描かれている絵画などを見ていても、キリスト教の考えと合っているとは思えない、たとえば死霊が人々を苦しめるといった絵があったりする。もっともそういう土着の考えとの融合が行き過ぎると、ローマ法王から異端という認定がなされて、大弾圧を受けたりもしてきたのですが。

宮城　なるほどね。日本でも行者信仰は、村や町の生活のなかに入り込んでいた。辻々に行者堂（役行者を祀る堂）があった。ほんの百年余り前まではね。

田中　そうですね。

宮城　行者堂には蠟燭立てがあって、人々が蠟燭を立てていった。神妙に立てるんじゃなしに、ごく日常の行為としてにぐっとひねりながら蠟燭を立てて、ポッと火をつける。特別に信仰しているという感じではなく、地域のなかに当たり前のこととして信仰があった。そういう信仰の仕方が、おそらく明治前まではあったんだろうと思う。

村の修験者たち

内山　群馬県の草津の近くに、三十年くらい前まで行者さんが住んでいた村があって、村の人たちに聞いてみると、その行者さんは普段は百姓をしていた。養蚕が中心だったようですが。村の人たちは、いまでも新しい行者さんがきてくれないかなと言っている。行者さんに何をしてもらっていたのかと聞くと、一番多かったのは、子どもが生まれたとき名前をつけてもらうことだった。二番目に多かったのは、病気になったときに診てもらう。戦後のことですから病院もあったのですが、まず行者さんのところに行った。行者さんは漢方薬の知識を相当もっていて、この病気はこういうものを煎じて飲んで安静にしていれば大丈夫だとか、これは病院で診てもらった方がいいとかを教えてくれた。その判断が的確で、みんな頼りにしていたそうです。その家に行ってみると、農家の庭先のようなところに、護摩を焚く場所があったりする。

宮城　各地にいたんだね、以前は。こんな話もあります。埼玉の毛呂山《もろやま》というところに、「この建物は開けてはならない」と言われてきたお堂があったのですが、近年そのお堂を開けたんですよ。聖護院の末寺であった金剛院のお祭りのときに開けたんですが、なかは漢方薬の宝庫になっていた。灸もあったし、漢方薬の本、漢方薬をつくる薬研《やげん》や秤などとともに薬がたくさんあった。庭に面したところに炉が切ってあって、おそらくここで護摩を焚いて、漢方薬の自然の力を高めて渡したと思われる。そのお堂は、明治以降天台宗寺門派（園城寺＝三井寺派）に所属していた修験のお寺だった。明治三十五（一九〇二）年頃に寺籍がなくなるんですが、それ以降お堂を閉ざしてしまうんです。秘密だったんですね、そういうことをすることが。

内山　明治五（一八七二）年に修験道廃止令がだされた後、国は薬事法の改正を繰りかえしながら修験者たちを追い詰めていきます。風土とともにあった漢方薬を使えないようにしながら、他方で大学では西洋医学しか教えなくなる。

宮城　漢方薬を扱う人は、舌の色を見ただけで健康状態がわかりますからね。その群馬の村の人たちが、いまでも村に修験者がいてほしいと思うのは、いた時代を知っている人たちからすると当然だと思います。しかし一方で、そういう世界を否定してきた私たちがいるわけなんですよ。それが近代化だった。病気になっても行者に舌を見せるんじゃなしに、医者に行く。

田中　修験者を育める地域社会、村社会があった頃は、そういう人もたくさんいたんですよね。でも、そうした地域社会がなくなると、当然行者さんもいなくなっていかざるをえなかった。彼らがいなくなったことと、地域社会が変わったこと、その両方が進行しながらそうした時代を終わらせていった。

宮城　いわば売り手と買い手がちょうど一致して、バランスがとれていた。そうした地域社会がかってはつづき、それが地域を安定させていた。しかしそのバランスが崩れていくと、地域社会もおかしくなってきた。微妙なバランスのなかで地域に根を張って暮らしていた修験者もいられんようになっていった。

田中　そういう変化のなかで、修験自体も近代の洗礼を受けていくし、修験の組織化を目指す動きも出てくる。

内山　日本の信仰は共同体のなかにあって、人々の生活から離れなかったでしょう。それが「教義への信仰」のようになっていくのは、明治以降でしょうね。

田中　いま金峯山寺に属している行者さんたちでも、昔のように地域の人々と共に生きている山伏は少なくなっています。でも、やはり、と私は思っているのです。たとえ都会で生活していても、人が生きていく上での猥雑性を受け入れていける宗教者、人間のさまざまな面に寄り添うことができる宗教者がでてくるかぎり、この社会は山伏を生みつづけるし、拝み屋さんを生みつづけると。修験道は在家主義ですから、修行をしながら社会のなかに埋没するように暮らし、人々の願いを聞きつづける、そういう人たちがこれからも修験の軸でありつづける。出家した人が軸になるのではなく、出家などせずに修行を重ね人々の信頼とともに生きる優婆塞が柱になる。そういう優婆塞信仰とともに展開してきたのです。

宮城　そうです。それが修験の特徴やと思う。

内山　僕の住む群馬県の上野村は、もともとは修験の信仰が強かったところです。いまでも春には火渡りがつづいているし、村の山のなかには五百体をこえる石仏が祀られている。三笠山、天丸山、笠丸山、天狗岩などの村の霊山があって、火渡りは三笠権現の麓の寺でおこなうのですが、三笠権現の使いはオオカミではなくクマなのです。家があるのは須郷《すごう》という小さな集落ですが、そこに須郷神社と呼んでいた小さなお堂がある。その家で暮らすようになる少し前のことなのですが、こんなことがあった。

ここはもともとは御嶽信仰の強い集落で、僕が同じ村の中から引っ越した頃も集落の長老たちは、朝起きると般若心経を上げてからその日をはじめるという雰囲気があった。その長老たちが、「自分たちはお父さんとかお爺さんから聞かされていてよく知っているのだが、須郷神社は昔は御嶽信仰の神仏習合のお堂だった。ところが明治になって強制的に神社にされてしまった。自分たちの世代はそのことを知っているけれど、これからの若い人たちだとわからなくなってしまうかもしれない。だから何としても、自分たちが生きているうちに元のお堂に戻したい」という提案をしてきたのです。確かに須郷神社は境内に石仏がたくさんあるお堂だったのですが、神社本庁から脱退したいということでした。結局脱退は集落全員の総意ということになって、この「神社」を管理していた村の大きな神社の神主さんは困ったようですが、集落の総意では仕方ないということになって脱退が認められました。年寄りたちはやっと明治以来の肩の荷がおりたということだったようです。

宮城　ほう、肩の荷がおりたか。明治からの大きな荷物やったんやね。

山伏と優婆塞信仰

内山　その集落に引っ越したとき、ひとつ困ったことがあったのです。というのは、なぜ僕がそこに住めるのかというと、昔から人々が道をつくったり、畑をつくったり、そうやって集落を住めるようにしていてくれたからだと思うのですが、そういうことに対してどういうお礼をしたらよいのかがわからなかった。たとえば水道は弘法大師が見つけたという山の中腹の湧き水を集落水道として使っている。

宮城　ほほう、すごい。

内山　この伝承は誰も信じていないのですが（笑）、一応そういうことになっている湧き水があって、その水を山の中腹から集落まで引っ張ってきているのですから、当時は大変な工事だったと思うのです。そういう人たちに支えられて僕も引っ越した日から水が使える。神仏習合のお堂があったり、たくさんの石仏があったり、それらも僕の暮らしを楽しくさせてくれている。そして一度、集落の長老に相談に行った。「昔の人たちの積み重ねに対してお礼をしたいので、多少のことぐらいなら考えたい」と伝えたんですが、うちの村はざっくばらんな村ですから、「それじゃあ次の寄り合いのときにみんなで相談してみよう」ということになった。それで次の寄り合いのときに、「内山さんからこういう申し出があったが、どんなもんだろうか」と提案してくれた。そしたら皆さんが、それは家にくっついているものだから何も気にしなくてよろしいということで、終わってしまったんです。

田中　システムごと買ったんだということですね。

内山　そうなんです。それでも何となく申し訳ないという気持ちはあった。それで、昔はみんなして御嶽山に行ったが最近は行っていないという話を聞いたので、それじゃあ費用は僕が負担するから皆で御嶽山に行こうと提案した。この提案には皆喜んでくれた。ところが一カ月くらいすると、やっぱりやめるという。なぜなら、もう歳をとっちゃって歩けないというのです。御嶽山はかなりいいところまで自動車道ができているし、その先にはケーブルカーだったかロープウエーがあるし、そこから上れば少し険しいけれど何とかなると言ったのですが、長老たちはそれではダメだと言う。下から歩かないと行った意味がないと。それでこの提案も立ち消えになってしまったんです。村に行って僕ははじめてこういう世界があることを知ったのですが、村では神様も仏様も隣に住んでいて、村の友人みたいな感じなのです。僕たちよりは力はあるんだけれど、隣にいる聖なる友人に畏敬の念を払っているみたいな。

宮城　なるほどね。まさに在地の修験やね。村のなかで平たく交わりながらおこなわれている修験が、以前は多かったんではないでしょうか。そういう感じが広がっていくのは、江戸時代なんでしょう。

田中　そうでしょうね。

宮城　もともとは山岳でおこなわれていたものが、江戸時代になり里に降りてきた。

田中　江戸時代にそれまでの修験の方法だった廻国《かいこく》修行――霊山を巡りながら、どこかに定着せず移動する修験者として暮らす、行った先々で人々の願いに応えた――が禁止されて、その結果として里修験が出てきた。ところが修験が里に定着した頃に庶民の経済事情がよくなってきて、大峯参りとか富士参り、伊勢参りとかをできるようになった。そうして里にたくさんの講のようなものができて、講をとおして人々が山とつながるようになっていった。とともに、かつての村のなかには、山伏的なもの、修験的なものを育む土壌があったから、修験が定着したのでしょう。明治元年に神仏判然令が出され神仏分離が断行されて、さらに明治五年の修験道廃止令もあって、この当時に職を失った修験者の数が十七万人だったといいます。

宮城　たとえばいま宗教法人になっているお寺、神社、教会、その他諸々の宗教を合わせて二十四万人の、宗教を仕事にしている人がいるわけです。それとくらべてみても、明治初期の人口が三千万から四千万人くらいのときに、十七万人の修験者がいたんですから。

田中　すごい数の山伏たちが、多くの民衆に慕われるように、敬われるように村々に定着していた。民俗学者とか宗教学者はよく、修験道は日本古来の山岳信仰に外来の仏教、道教、陰陽道などが融合してできた日本独自の民俗宗教という言い方をするけれど、そんな正しく形が整ったものではない。もっともっと庶民に寄り添うかたちで存在していた。ときには神と仏を暮らしに媒介する存在として、ときには祭りを村に媒介したり、お神楽を媒介したり、医者に行く前にお伺いに行く存在であったり、薬について聞きにいく存在であったりした。そんなふうに庶民の暮らしのなかに埋め込まれている存在として、修験道はあったんです。寺に属している山伏もいたし、神社に属している山伏もいた。山伏は地域のなかにいて、全体としては混沌としていたのです。そういう広がりだった。それが組織化されることになったのは江戸時代で、修験道を組織化して管理しようとする幕府の方針があった。そして本山派（天台系修験道、総本山は聖護院）と当山派（真言系修験道、総本山は伏見の醍醐寺にある三宝院）に組織化されることになった。

内山　どちらかに加わらなければいけなくなったのですね。

宮城　それでもどちらにも入っていない在地の山伏もたくさんいた。

田中　実際には、どちらにも入っていない山伏の方が、はるかに多かったと思いますね。

宮城　そうなんです。「集団」というのはひとつの権威団体です。その団体の中で上に上がっていって権威を得る、団体自身が権威として振る舞う。団体に属することで権威を認めさせる。幕府は組織化によって管理しようと考えたんでしょうが、実際には組織化させようとしてもそういう権威団体に入らない山伏がたくさんいた。在地で山伏をし、ときには加持祈禱をし、土地の人たちによってのみ支えられるいろんなことをしてきた聖たちがいた。そういう人たちがいて、日本の優婆塞信仰も広がった。得度はしていないけれど、修行を積み、人々の願いに応えていく聖たちとともにある信仰があった。

民衆信仰と国家制度

宮城　明治政府は本山派、当山派の修験道だけでなく、寄祈禱《よりきとう》（修験者などが自分の家で、病気になった人にとりついている邪霊を自分の妻に移した後に退散させる祈禱法。江戸時代には幅広くおこなわれていた）をしていた在地の聖たちの活動もすべて禁止した。そのことによって修験教団が失われただけでなく、村々のよりどころも失っていったのが、明治だったんじゃないでしょうか。

田中　新しい国家体制をつくろうとするときは、庶民のあり方を統制しようとする動きが必ずでてくる。庶民を統制しようとすると、庶民の精神のよりどころを破壊しようとする政策がだされてくる。

内山　田中さんの言葉を使えば、猥雑性とともに展開している混沌をもっているのが民衆ですから、そういうものを統制し、整理しようとする。

田中　日本に最初の統一的な国家体制ができたのは、律令制がつくられたときだった。そのときには僧尼令《そうにりょう》（大宝令〈七〇一年〉とともにつくられたと考えられている。僧尼を国の管理下におこうとし、私度僧、僧尼による民衆教化などが禁止された）がだされたりして、山林修行が禁止された。山で修行をすることを禁止したわけですが、この山の聖と庶民の世界が結びついているのが問題だったのでしょう。江戸時代に幕藩体制ができていったときにも、修験道は本山派と当山派への組織化を命ぜられ、同時に廻国修行が禁止されている。さらに明治新体制をつくろうとするときには、修験道自体を禁止し、在地の聖も一掃しようとした。国は庶民のありようを統制しようとし、その度に庶民に寄り添うように活動していた山伏たちが統制や弾圧の対象にされた。ところが修験の世界、日常を生きることと共にある民衆の精神の世界を消し去ることはできなかった。庶民のあいだには、優婆塞＝聖がい続けた。そういう流れのなかに、民衆の信仰の歴史はあったような気がしますね。

宮城　そのとおりですね。

田中　ところがこういう民衆の精神史であり思想史である歴史は、近代以降の宗教史や仏教史、文化史などの研究では、扱われてこなかったんですね。

信仰をつくりだしたもの

内山　三、四十年前のことなのですが、田中さんのいらっしゃる綾部に本部のある大本教《おおもときょう》（明治二十五〈一八九二〉年に、京都、綾部の出口なおが神がかりして生まれた教派神道系の宗教。大正十〈一九二一〉年と昭和十〈一九三五〉年に、二度にわたる大弾圧を受けた）のことを少し調べたことがありました。大本教は出口なおが突然神がかりして生まれた宗教ですが、ものすごく貧乏で、無学で、苦労の多かったおばあさんが神がかりして訳のわからないことをしゃべりはじめた。どうみても、「かわいそうに、ばあさんついに気が触れたか」で終わっていてもいい出来事だったと思うのです。ところが綾部の人のなかに、あのおばあさんの言っていることは真実だと思う人たちがでてきた。そういう過程をみていると、出口なおがいなければ大本教は生まれなかったけれど、最初の信者たちが生まれなければ、やはり大本教は登場しなかったという気がしてくる。その後に大本教が組織的に大きくなっていく過程では、出口王仁三郎《おにさぶろう》の力が大きかったりはするけれど、宗教は開祖だけではつくれない、といえる。開祖の言葉に真理をみた人たちが発生したことが重要だった。真理をみた人たちは、たぶん、それに真理を感じる精神をすでにもっていたはずで、何となく未整理なんだけれど感じていたものがあって、その感じていたものと出口なおの言葉が一致したから、あのおばあさんは本当のことを言っている、という気持ちになったのだろうと思う。関心のないことや、自分の思っていることと全く違うことを言われても、人はその言葉に共鳴しない。つまり、本物の開祖とそういう感じをもっていた潜在的な「開祖」がつながって、宗教は生まれてくる。さらに一人一人は自分の生きている世界を土台にして共鳴するのだから、人がそこに集まってくれれば、雑多な要素が結集してこざるをえない。

日本仏教史のような本を読んでいていつも感じることは、たとえば空海がでてきました、法然が、親鸞がでてきました、彼らはこういう教えを説きました、という仏教史になっていて、その教えに真理を感じた人たちの側からの仏教史が全然書かれていない。それでは日本になぜ仏様とともに生きようとした人がたくさん生まれたのかがわからない。

田中　いまの学問のあり方が欧米的な文献主義、合理的な解釈一辺倒になっていて、教えそのものを信じていた、認めた人の側から、その人たちの気持ちを拾おうとはしませんからね。それをやったらただの推理になってしまって、学問ではないということになってしまう。

内山　そうですね。

田中　でも拾わないかぎり、わからないことはたくさんあるでしょうね。教団として残っていく宗派というのは、必ず開祖がものを書いているんですよ。空海も最澄も、法然も親鸞も道元も日蓮も、みんな書き残している。書いた人は思想と信仰も残っていくんですよ。行基は書いていないから、行基宗はできなかったし、いまそういうものは残っていないじゃないですか。歴史のなかではすごい人はいたかもしれないけれど、書いていないから残っていない。仏教史や文化史などの研究は、書き残されているものを集めておこなうから、書いていない人のものは研究の対象としては難しい。それでいいのかと言われても研究者は困るでしょうね、それしか方法はないんだから。しかし庶民の世界や庶民に寄り添った信仰をみようとしたときには、そこに根本的な問題がある。

内山　歴史学は文献を頼りに歴史を考察する文献史学なわけですが、この方法が宗教学や文化史、精神史の研究にまで応用されてしまうと、みえない歴史、みえない信仰、みえない文化史、みえない精神史が広がってしまって、たくさんの闇が覆っている歴史が広がってしまう。それでも闇の部分が多いことに気づいてくれていればまだいいのですが、そのことにも気づかない研究からは昔の人々の真の世界はみえてこない。

田中　言説文として残っている場合でも、その時代の人々の精神で読むことができなければ、怪しいものになってしまうのですけれどね。

内山　役行者は何も書いていない。

田中　お釈迦さんだって何も書いていない。

内山　そうですね。

宮城　お釈迦さんがこう言ったというのは如是我聞《にょぜがもん》（このように私は聞いた、の意。仏教経典は、私はお釈迦様からこのように聞いたというかたちで書かれているものが数多くある。ただし文字で経典が書かれるようになったのは、釈迦の死後二百年くらいがたってからだった）というかたちでたくさん残っている。しかし、役行者には、如是我聞というかたちのものさえ残っていない。

田中　僕が本当に言いたかったのはそこのところなんです。書いたものも、こう言った、というものも何も残っていないのに、信仰として残っているのは役行者をおいて他にない。

宮城　そう。役行者についての伝説が口伝えに伝わって、そういうものが書かれたのも室町から江戸期にかけてですから。

内山　役小角の名前が正式にその時代に記録されているのは、七〇〇年代に朝廷によって編纂された『続日本紀』だけでしょう。だから以前は一部の人から、役行者は伝説上の人物で実在しなかったという説もだされていた。

田中　室町から江戸にかけて確立されていった役行者像が本当のものかどうかは、怪しいと言ってもよいと思いますよ。この時代の人々の願いが、役行者像をつくりあげていったともいえるのですから。むしろこういうことでしょう。五〇〇年代に公式に仏教がもたらされる前から、非公式に伝承されて入ってきた仏教もあったし、そういうものともからみながら、のちに優婆塞とか雑密（初期密教。江戸時代に空海以降の密教を純密、それ以前のものを雑密とする言葉が生まれた。「雑」には多様という意味もあるが、程度の低い民衆の習俗とともにある密教とみなされた）とか言われる人たちが人々を支えてきた信仰の世界があった。何度も言うことになりますが、そういう人たちの象徴として役行者が登場してくる。

宮城　だから役行者というのは、役行者に集約された信仰が生みだしたものなのですよ。役行者的な山岳開創者《かいそう》（山岳信仰＝修験道の霊山を開いた人）は日本の各地にいた。けっして役行者一人ではなかった。その山岳信仰が役行者に結集するかたちで、自分たちの信仰を確立していった。

田中　さまざまな修験者、山伏が庶民に寄り添いながら活動していて、そういうものを私たちは修験と言っているし、そういう活動の集約点に役行者が登場してくる。人々の願いの集約点に役行者がいる、そういう開祖なのです。

第五章　教団のない宗教

記録に残らない庶民の信仰

内山　修験道がどういう経緯でいつ頃成立したのかは、まだ定説ができてはいないようです。宗教民俗学者の五来重《ごらいしげる》（一九〇八〜一九九三）さんに代表される人々は、もちろん、はっきりした証拠があるわけではありませんから明確にそう述べているわけではありませんが、縄文時代に始原を持つくらい古い日本の自然信仰が源流にあるのではないかと推測しているようなところがあります。宗教学者の宮家準《みやけひとし》（一九三三〜）さんだと実質的には平安末期からはじまっているといってもよい鎌倉期に成立したととらえているようです。もちろん、役行者が活動した六〇〇年代後半から七〇〇年代に入るあたりに、その成立をみる人たちもいます。その他にも朝鮮半島から来た渡来人起源説を唱える人もいる。ただ僕は起源を明確にしようという議論にはあまり関心はないのです。というのはすでに田中さんも宮城さんも話されているように、民衆の願いを引き受けながら、人々に寄り添うように展開してきた信仰が修験道であるなら、そしてそこに自然への思いが込められているのなら、いつの時代にも修験的世界は存在してきたと言うこともできる。田中さんが述べられたように、ヨーロッパ世界にも昔は修験と共通する信仰が、かたちは違っていたとしても、存在していたとみることもできます。修験をかたちや教義としてとらえるのではなく、自然と結ばれた民衆の願いとして、つまりその心としてとらえるなら、その始原がどこにあったのかはあまり重要ではなく、また修験は教義ではないのならいつ成立したのかも重要ではない気がしています。いつ成立したのかという問いのだし方自体が、教義の形成をもって成立していく他の宗教と同じようなものとして修験をみるという、問題点を示していると言うこともできるように思っています。ただし私たちがいま修験道と呼んでいるもののかたちがつくりだされたのは、役行者の時代だったのではないかという気はしているのですが、このあたりのことをもう少し教えていただけないでしょうか。

田中　確かに、日本という国が生まれる前から自然への信仰もあったし、それが山への信仰にもなっていっただろうし、神への信仰もあったでしょう。自然とともに生きていた民衆たちのなかに、自分たちの願いを求める信仰がなかったはずはない。そういう民衆の信仰は記録に残らないだけです。そうしたものの延長線上に修験が成立していくのはそのとおりだと思いますが、同時に役行者の時代に新しい段階をつくりだしたのではないかと僕は思っているんです。それまで倭《やまと》と呼んでいたこの国を「日本」として意識しだすのは、天武、持統天皇の頃といわれていますね。中国にならって律令制がつくられ、中央集権的な「日本」づくりが目指された時代です。実はこの時代が、役行者が生きた時代なんですね。つまり、日本という国をつくろうとしたときに、同時に産声を上げるかたちで民衆の信仰が役行者に象徴化されていく、結集されていくというのが、僕のとらえかたなんです。ではその頃目指された「日本」とは何かというと、それまでの小国の集まりのような体制とは違う大国をつくろうということでした。いわば大国主義の登場です。

ドイツの哲学者、カール・ヤスパース（一八八三～一九六九）は、小国が群雄割拠した社会から大国主義がでてくる時代に、釈迦も孔子も、キリストもマホメットも庶民の側の論理を背負った聖者として登場してくると述べています。同様のことを思想家の中沢新一（一九五〇～）さんも述べていますが、天武、持統の時代というのは豪族が群雄割拠する社会からまさに大国主義が台頭していく時代なんですね。この時代に庶民の側の論理を背負って登場してくる宗教者として、役行者が現れたと私は思っている。役行者に人々の願いが結集していくかたちで修験が新しい定着をみせていった、それが私の持論です。

役行者が書いたものは何も残っていないのに日本中で役行者像が祀られ、庶民のなかで修験は力をもちつづけた。明治になって破壊されても、根まで抜き去ることはできなかった。なぜ消し去ることができなかったのかといえば、日本に最初の大国主義がでてくる時代に庶民の側の聖として登場してきたのが役行者であり、またそういう時代の人々の願いがずうっと役行者と結ばれていったからではないかと思っているんです。ですから大国主義的な国家の論理とは違うものを求める人々の願いとともに、役行者は生きつづけた。国家の論理と民衆の思想という視点をもって日本の歴史を見直したとき、はじめて役行者は正当な評価をされうるし、なぜ修験が民衆とともにありつづけたのかもわかってくるのです。

宮城　だから役行者が伊豆に流されるという事件（六九九年、人々を惑わしたとして遠流の刑に処せられた）も、国としては必要になった。『続日本紀』に史実としてでてくる「故に遠島に配せらる」というところに、僕はかかってくると思う。

田中　そういうことなんです。国家への大罪に対する罰ともいえる遠島に配せられたのは、大国主義に対する民衆の思想を体現するかたちで役行者という聖がいたからなんです。

「古修験」と役行者

内山　各地を歩いていると、ときどき小高い丘の上に縄文遺跡をみつけることがあるんです。みつけるといっても、すでに看板などが設置されているところですが。そういうところに行ってみると、ここは祈りの場だったのではないかと感じることがよくあります。何となく自然の霊気が降りてきているところ、というような気がする。おそらくそこは自然信仰の祈りの場だったんでしょうけれど、自然の力が集まってくる場所に人々は祈りの場をつくった、そう感じることがあるのです。

宮城　今でいうパワースポットですか。

内山　ええ。そういう所にでかけると、縄文の人たちは自然から降りてくる力を感じることもできたし、そこで祈らなければならないものを感じながら生きていたんだろうなと思うときがあるんです。もちろんこんなことは何の証明手段ももっていませんが、そういうことを感じながら祈りを捧げていく信仰に、次第に言葉が与えられていく歴史があったのだろうと思うのです。それとともに祈りのかたちや修行の仕方もできていった。

ですから僕は、繰り返しになりますが、在来の信仰が外来の宗教と出会うことで、自分たちの信仰を語る言葉を手にしていった、また自分たちの信仰を表現するかたちや修行の方法を獲得していったと考えた方がよいのではないかと思っています。たとえば仏教が入ってくると仏教の言語をもらうことによって、自分たちの思想を語るようになっていく。それは結果として仏教との習合を生むことにもなっていくけれど、そうやって取り込まれた仏教は外来の仏教と同じものではなく、「日本的仏教」に変形する。知識人たちは外来の仏教を純粋なかたちで学び取ろうとしますが、民衆世界の仏教は、知識人の学び取った仏教が伝播していったのではなく、独自の方法で形成されていったのではないかと思っているのです。

そんな言葉があるわけではないけれど、仮に役行者以前の修験を「古修験」と呼ぶなら、古くから成立していた信仰を、伝わってきた仏教の言語によって語ったり、道教の方法を取り入れて表現しようとしたりしていく歴史が、古修験とともに広がっていたのではないかという気がするのです。そこに役行者が現れて、言葉で語るのではなく、信仰を突き詰めていく道筋を確立していった。役行者に呼応する土台がすでに民衆のなかに成立していたが故に、中央集権をめざす国家は役行者を伊豆に流す必要があった。その土台こそが新しい国家にとっては邪魔なものだったのです。しかしこういう展開のなかで「流される」という事件が起きているが故に、伊豆に流しても役行者に集約される当時の修験が崩壊することもなかった。

田中　流されることによって逆に役行者の足跡が残り、各地に役行者伝説が広がっていくということも生まれたのですね。

宮城　そうですね。

内山　伊豆に幽閉されていた役行者が夜になると空を飛んで霊場を開いていったという伝説は、関東各地に存在していますものね。

宮城　富士山がそうだったし、箱根もそう。まさにご指摘のとおりで、役行者が流された背景には、役行者が庶民の味方であり、権力の側からは疎まれていた人々の代表だったということがあったんだろうと思う。『続日本紀』に出てくる役行者が流されることになった理由や過程も、そう考えれば筋道がたってくる。国は役行者を危険人物視していた。いつの時代でも権力は社会を管理・統括しようとする。庶民は自分たちの生き方と信仰的な生き方を統一して生きていたのですから、庶民を管理・統括しようとすると、その信仰の部分も管理・統括しなければならなかった。信仰は信仰、生活は生活、社会は社会というのは近代の発想で、それ以前はそれらは統一されていた。だから、役行者は庶民の味方でもあり、ときに人々は役行者伝説をつくりながら自分たちの生活世界を守っていった。役行者の遠島は、そういう背景のなかで起こった出来事だったんですね。

田中　当時は中央集権国家をつくろうとしていたわけですからね。

宮城　律令制をつくってね。

田中　そういう時代にそれまであった信仰を一段引き上げるかたちで新しい聖がでてくるというのは、先ほどもふれましたように、ローマ帝国のキリストも、インドのお釈迦さんも同じだった。このことは中沢新一さんの論文（「一神教と多神教」相国寺教化活動委員会編）を読んで教わったんだけれど、役行者も同じなんですね。ただ中沢さんは役行者については書いていなくて、私が役行者に当てはめて考えたのですが。役行者は、国家に対する反逆者として伊豆に流された。律令制国家ができたときには山林修行も禁止されていますよね。山で修行することを禁止した。庶民の祈りや願いとつながっている聖の世界自体が攻撃されたわけです。

明治になって近代化をめざし、新しい中央集権国家をつくろうとしたときには、神仏判然令（神仏分離令）や修験道廃止令がだされて、修験道は廃止の憂き目に遭う。大国主義と民衆の論理の闘い、それは釈尊の時代にもあったし、キリストの時代にもあった。役行者の遠島も、明治の修験道禁止も、そういう文脈のなかで考えないといけないと思うし、そういう文脈のなかで虐げられたのが庶民の信仰であり、そこで語られ祀られていった象徴的な人物として役行者がいた。

宮城　庶民の信仰は学僧たちがめざした教義への従属とは違うから、いろいろなものを包み込みながら展開していく。宗教学者の正木晃（一九五三〜）先生の言い方を使えば、「どろどろとした信仰」として展開する。

田中　僕は正木先生とも親しくしていて、二人で常に話しているのは、猥雑なもの、つまり人々の切なる思い、さまざまな思いを背負いながら展開する信仰として修験道は存在した、そういう認識です。

宮城　猥雑とは、整理できない多彩のものを背負っているということなのだけどね。でも、そういう何でも併せ飲んでいる信仰というものが理解できない国家の役人たちは、彼らの基準で考えた純粋なものを残していこうと管理・統括する。明治になったときにも修験道を廃止したように、国家や国家の役人の頭で管理・統括できないものは抹殺しようとする。「どろどろとしたもの」を排斥して、彼らの目線で管理・統括できる国家をつくろうとした。それを行政がもっている宗教に対する無理解というなら、その無理解は明治以降も、ずっとありつづけた。

公式の宗教と民衆の宗教

田中　庶民がもっている猥雑性というものは、生きる力でもあるのですから、人類がつづく限り存在しつづける。そういう猥雑性に寄り添いながら生きる宗教者は、教学を学んで教学に対して純粋に活動しようとする正規の宗教者からすると、それはちょっと違うんじゃないか、というようなものももっている。しかしそこにこそ民衆宗教の世界があったし、かつて人々から尊敬されていた優婆塞、聖、験者と言われた人たちは、みんなそこにかかわってきた。

宮城　『紫式部日記』や『源氏物語』『枕草子』などには、修験者に祈禱してもらったという話がでてくる。『源氏物語』では、葵上《あおいのうえ》は祈禱師の護摩が、まるで頭上から煙を吐いているような祈りで生き返ったとか。高貴なお坊さんではなしに、名のある市井の験者たちに祈禱してもらっている。紫式部や清少納言は貴族の目でみて書いているけれど、市井の人々の世界だけでなく、そういう人々の世界でも、修験者たちは普通に活動していた。人間の生き死にのなかに、普通に修験者たちがいたのです。猥雑性とは、この生き死にのなかにあると僕は思っている。

田中　室町時代に生まれた能や狂言には、やたらに山伏が出てきます。有名な謡曲「安宅《あたか》」の弁慶も山伏。山伏は庶民の生きる世界に普通に存在し、関わっていたということでしょう。町にも村にもいた。ちょっと前の日本人には、山伏は説明しなくてもわかっているものだった。ところがいまでは、隣に山伏がいる生き方は誰にもわからなくなってしまった。

宮城　能や狂言に出てくる山伏は、すべて本山派の結袈裟《ゆいげさ》、つまり梵天袈裟をつけている。いまでもつけている毛玉のような梵天のついた袈裟です。結袈裟は鎌倉時代に生まれてくるのですが、それを身につけた姿が能や狂言にはでてくる。山伏衣装の歴史が、能や狂言から読み取れる。狂言が演じる滑稽な話、「滑稽譚《こっけいたん》」のなかには、よく山伏がでてきます。

内山　江戸時代になると、庶民はさまざまな講をつくって、修験道も講とともに展開していくようになった。

田中　「大峯参りをせんと大人になれん」と僕の子どもの頃は言われたもので、子どもの成長過程でおこなわれる儀式、習俗、つまり通過儀礼を地域でおこなっていく講もありましたし、生活を支えあう頼母子講《たのもしこう》（無尽とも言う。講のメンバーが例会を開いて会費を出し合い、メンバーに貸し付けたりする自発的な庶民金融）的なものもあった。

宮城　かつての庶民の世界では、そのようにどんな部分にも信仰があった。経済と結びついた同業者の講でも信仰とつながっていた。農山村にいくと、地域の人たちで森林を共同利用、共同管理する入会林野《いりあいりんや》といわれる森林もあったけれど、それも講の人たちで利用・管理していて、そうした講は山の神信仰などと結ばれていた。

内山　信仰が独立したものになるのは近代になってからで、それまでは生活や仕事、地域、風土などのなかに埋め込まれていた。そもそも宗教、信仰という言葉自体が、明治になって外来語（Religion＝宗教、Belief＝信仰）を翻訳するためにつくられた言葉ですし。信仰を外した講ができてくるのも近代の産物です。

宮城　経済目的などでつくられた講も信仰的なものを内蔵していたし、信仰が軸になってつくられていく講もあった。いまの修験道の行者講は霊山に上る山上参りを軸にした講だし、現在の京都の西陣の講のように仕事の上で助け合っている講もあるんですよ。

内山　日本では昭和恐慌の頃（昭和五〈一九三〇〉年～昭和六〈一九三一〉年）に、信仰を外して経済的に助け合う同業者の講（無尽、頼母子講）がたくさんできてくる。いまでも山梨などにはたくさんあります。東京でも多摩地域に多い御岳講《みたけこう》は農村部に残っています。青梅の御岳山と結んだ講です。

宮城　東京には富士山信仰と結んだ富士講もある。

田中　富士講はまだ東京にあるんですか？

内山　わずかに残っているというようなレベルですが、あります。

宮城　富士山に月参りしている富士講がある。本物の富士山ではないんですが。

田中　昔は本物の富士山に行った。

宮城　地域のなかに模擬富士をこしらえてあるんですよ。たとえば北品川の品川神社とか、新宿の成子天神とか。毎月富士山に行くわけにはいかないので、そこに講の人たちがお参りする。本物の富士山には一年に一度その年の代表者が上って、全員のお札などを受けて帰ってきて配ることが多かった。

田中　ところで東京の御岳講ですが、若い人も参加していますか？

内山　元々は農民の講ですから、跡取りが講にも加わっていくというかたちだったのですが、跡取りがいなくなるとどうしてもつづかなくなる。でも、いまでもつづいていますよ。

宮城　明治まで聖護院の末であった埼玉県秩父の三峯神社の講は、送られてくる会報をみていると、わりあい盛んなようです。いわゆるお犬（狼）さん信仰で知られ、講の人たちでお犬様の御札を受けに行く。

田中　講がすべて修験と結ばれているわけではないけれど、三峯山はもともと修験の場所でした。お寺や神社を中心に講が組織されるということもあったのですが、それ以上に庶民が自由につくっていく講があった。講の営みと優婆塞、山伏の活動は結ばれていた。優婆塞は出家得度を受けた正式な僧侶ではないのですが、市井にあって人々とつながっていたのは、そういう優婆塞、山伏たちだった。庶民が講をつくっていく生き方と山伏の活動は親和性をもっていた。

宮城　山伏といってもいいし、聖といってもいい人たち。

田中　山に拠点があるわけではないけれど、市井にあって活動する。

宮城　そういう人たちを拝み屋ということもあるんだけれど、民衆の中にいる聖の集団だと思う。

修験道を支えた風土

田中　講をつくって、自分の居場所もつくっていく生き方に対して、いま関心をもつ人たちが増えてきている。コミュニティとか共同体とかいろいろな言葉が使われているけれど、伝統的な言葉を使えば、それはさまざまな講とともにある社会のことなのです。そういう見方をすると、民衆と講の世界は、消えそうで消えていない。名前を変えて再生されてくるのも、僕は風土への回帰だと思う。人間は必ずどこかに帰属する。近代になって帰属先が壊れてしまったけれど、いままた本物の帰属先を探しはじめている。その帰属先は自然と結んだ世界でもあるのですが、人々の猥雑な世界、生き死にと結んだ世界でもある。

内山　東京周辺にできていた講を見てみると、信仰集団なのに娯楽集団でもあり、また助け合い集団でもあるというように、三つの要素が一緒になってつくられていたようなのです。日本では祭りは信仰行事なのに娯楽でもあるというように、信仰がたちまち娯楽化するという性格がありますが、それと助け合いが一体化している。このかたちが庶民の願いを表現しているような気がします。たとえば「助けられる」という部分を考えても、自然に助けられる、神仏に助けられるというのもあるし、娯楽によって日々の悩みから救われるというのも、現実的な助け合いで支えられるというのもある。

田中　生き死にのなかでのつながり方が日本の風土をつくった。

内山　しかもそうやってつくられた講は、ピラミッド型の組織をもたずに展開した。修験道では山とのつながりや宿坊とのつながり、修行させてくれたお寺とのつながりはあったのですが、それぞれの講がそうしたものとつながっているだけで、ピラミッド型組織ではなかった。昔の人々はいまより力がありましたね。組織の権威など借りずに、自分たちで勝手につながりをつくり、勝手に信仰をつくっていくことができたんです。

宮城　ひとつの自治組織にまで広がる力をもっていたものもあった。

内山　長野県の野沢温泉村にいまでも残っている、野沢組という江戸時代にできた講があります。いまでもあの村は、行政の自治組織と野沢組という惣村の自治組織の「二重権力」によって運営されている。野沢組が温泉の権利をもっているのですが、あの村では国の無形文化財になっている道祖神祭りをはじめとして、あらゆることが野沢組の同意なしには動かない。村長は住民の合意を野沢組がとってくれているのだから、行政も楽だと言っていました。

田中　しかし近代以降は、いろいろなものが変質していきました。それでも人は集まろうとした。帰属先をつくろうとした。

内山　現在でも山梨の中小企業の経営者たちがつくっている講は、困ったときにお金を融通し合う機能をもっているし、多くは月に一度例会を開いて酒を飲む娯楽の場としてつづいているようです。助け合おうとするという点では伝統的なんですね。

田中　人が集まれば祭りが生まれるし、祭りが生まれれば信仰も成立していくはずだったのですが。

宮城　お寺に所属した頼母子講も以前はありましたね。私のところには聖護院門跡の頼母子講があった。現在も寺が所有する貸家があるのですが、それは頼母子講でお金を融通してもらい、最終的には土地・家屋で返済したもので、そうやってつくられた講の財産を寺が引き継ぐかたちでできたものなんです。明治以降は、お寺の経営を立て直すための講というのも、あったんじゃないかと思うんですよ。

田中　お寺は人が集まる場所。人が集まる場所には経済活動も生まれる。経済活動のなかの大きな役割を寺の活動が担っている時代というのは、かなり長くつづいていた。だから寺の下に頼母子講的な講ができたりするのも当然なんです。昔は、経済活動と信仰が分離できないかたちでおこなわれているものがたくさんあった。たとえば金峯山寺には、花供講という、金峯山一山に供える供物（餅）を講のメンバーで支えるというものがあるのですが、室町時代には諸国から一穂《いちほ》一畝《いちせ》の寄進（一畝〈約百平方メートル〉につき、稲穂一本分の米を寄進する）を募っています。そういうことがおこなわれるとそこに経済も生まれるのです。そういう活動のなかに信仰が内在していた。

江戸期の修験道

内山　先ほど田中さんもおっしゃっていましたが、修験道は、専門職としての、プロとしての修験者もいるけれど、普段は仕事をもって暮らしている市井の山伏、聖、優婆塞である人たちもいる。この後者の人たちが民衆修験道とでもいうようなものをつくりあげていったと思うのですが、このかたちが生まれていったのはいつ頃ですか？

田中　江戸時代には里修験の発展とともに、修験道の庶民化が展開していきますが、それまでは違ったのではないかと思います。

宮城　そうですね。

田中　たとえば大峯山伏の人たちはいたけれど……。

宮城　プロの集団としてね。

内山　修験道は鎌倉期にかたちが整えられていくという言い方がよくされますが、そうでもなかったのですか。

宮城　信仰としての修験道は役行者の頃からつづいているし、その基盤はもっと古いかもしれません。その上で修験道教団が生まれていく黎明期が鎌倉時代だったのです。鎌倉期に「諸山縁起《しょざんえんぎ》」（修験道の根本道場でもあった大峯、葛城、熊野などの山々が霊場になった由来、霊場と神仏との関係を記した書）が作られましたから、霊山を軸にした教団のようなものができていき、そのかたちが整うのが室町期あたりでしょう。

田中　ところが、修験道にとっては教団という概念も難しい。「教団」というと、一般的に思い浮かべる宗教教団のイメージがありますよね。ところが、修験道はそういうものではない。もっというと、江戸幕府の宗教政策がだされる以前では、仏教諸派のつくる教団も、いまの宗教教団とは違っていたといった方がいいかもしれない。

宮城　各地の霊山のかたちが整えられ、縁起（由来、神仏との関係）などもつくられて、その山の信仰のあり方などは整えられていきますが、それを教団の成立ともいえるけれど、もっとずっと緩やかなものだったのでしょうね。教団意識とか、宗派意識もない。

田中　山伏集団は生まれますし、ネットワーク化も進みます。しかし、教団という概念ではなかったと思う。たとえば、僧の資格を与える場である大乗戒壇《だいじょうかいだん》を整えるという最澄の目標が実現されて、比叡山に天台宗はつくられるわけですけれど、そんなふうにつくられていった天台宗などは、ひとつの集団ではあったけれど、その天台宗といえども、八宗兼学という言葉が示すように、近世以前は宗派間もゆるゆるだった。ましてや修験道は、宗派意識をもった教団とはずいぶん違うものだった。

宮城　そうですね。宗門間の関係も鷹揚だった。聖護院の者が知恩院（浄土宗総本山）に行ったり、知恩院の人が聖護院にきたり。知恩院のなかにお宮があって神仏習合の部分をもっていたりしましたから。

田中　本山、末寺の関係も緩やかなもので、希薄な本末関係が誕生していったのが中世ですよね。教団としての信仰ではなく、地域性をもった信仰が生きていた時代だった。

宮城　聖護院が教団的な本山修験をつくろうとして必死になって教団をまとめていったのは、戦国時代から江戸時代にかけてだった。聖護院が、上に宮様があり、院家（聖護院の重役、宮様事務の代行職）をおいて、その下に先達職、年行事職をおくというようなピラミッド的な組織をつくったのは室町期にはみられるのですが、教団的な活動が表にでてくるのは江戸時代。慶長年間

（一五九六～一六一五、一六〇〇年に関ヶ原の戦いがおきている）に本山派と当山派の争いが多発し、そういうことをとおして教団、宗門意識が高まっていった。

内山　とすると、一方では教団意識が高まっていくのに、他方では市井の聖などが活躍して民衆の修験道が広がっていったのが江戸時代だったのですね。

第六章　修験道と日本の近代化

神仏判然令と修験道廃止令

内山　前にも述べたとおり、明治政府の成立に先立つようなかたちで、慶応四年から明治元（一八六八）年にかけて神仏判然令（神仏分離令）がだされ、追い打ちをかけるように、明治五（一八七二）年には修験道廃止令がだされた。この状態は第二次大戦後に新憲法が発布され、信教の自由が認められるまでつづくのですが、日本の近代化は、修験道を上から消し去ろうとしたとしか思えないですね。

田中　明治の弾圧によって大きな影響を受けたことは確かですが、それでも人々の心のなかには神も仏も生きていた。だから地下水脈のように修験道も生き残ることができたのです。ところが戦後になると、戦後復興の名のもとに拝金主義というか、神仏の代わりに経済を拝むような価値観が急速に広がっていった。このことによって修験道は息の根を止められかかったのです。民衆の心のなかに修験道的な神仏の世界が残っていれば、弾圧に対して抗していくこともできますが、人々の心にモノ・カネ至上主義が広がったときに、まさに息の根が止まろうとした。

内山　それにしても神仏判然令はだされてくるのが早かったですね。まだ明治政府の政体ができる前に、つまり政府の意思決定はどうやって行なわれるのかが決まる前にだされている。あの頃だされた命令のなかには、後に撤回されたものもあるけれど、神仏判然令は撤回されなかった。

田中　少し穏やかになるときはありましたが、撤回はなかったですものね。

内山　明治三十年くらいになると、それでもつぶれずに残っていた修験道を黙認するようになっていきますが、修験道廃止令は撤回されていない。明治中期になると、たとえば会津藩士を朝敵としたままで、白虎隊は忠君の若者たちとして教科書でも取り上げるというようなことがあったのですが、明治体制の確立にめどが立つと、政府の方針も利用できるものは利用するという方向に変わったのかもしれません。修験道の霊山に登ることを国民の鍛錬として利用する動きも起こってきますし。

それにしても、明治元年から矢継ぎ早にこういう政策がでてきたというのは、江戸期の武士たちのなかに、仏教を廃絶したいという意思をもつ者たちがいて、それが討幕派の動きと重なっていったということでしょう。だからまだ幕府を倒しただけで混乱している時期にこういう命令がだされたとしか思えないですね。

宮城　廃仏毀釈的な動きとしては、江戸時代に水戸藩がお寺の統合などに着手しようとしていましたね。（当時は仏像を祀る神社などが普通にあったが、水戸藩では神仏分離を徹底させ、寺の約半分を破

壊した。とともに神社も一郷一社に整理し、「日本の由緒正しい神」へのご神体替えを強要した）

内山　徳川光圀《みつくに》（一六二八～一七〇一、いわゆる水戸黄門）が計画したものですね。

宮城　ええ。あのとき、実際にお寺を焼いてしまった勢力もいた。さらに津和野藩や薩摩藩、岡山藩、延岡藩などでもそういう動きがあった。結局、寺を一掃してしまうということはできなかったのだけれど、廃仏毀釈的なものを推進したい武士たちは間違いなくいた。明治元年の神仏判然令は、幕末期に平田篤胤《あつたね》（一七七六～一八四三、江戸時代後期の国学者、神道家）が提起したものだと言う人もいるけれど、藩の役人のなかからそういうことを望む人たちがでてきて、神仏判然令になっていったのではないかなと思う。私のじいさんは神仏判然令のときに、それまでいた喜蔵院というお寺を廃寺にされて、吉野の金峯神社の口之宮にされた金峯山寺の蔵王堂に神勤した、つまりそこで密かに神への勤めを果たしていたんですよ。修験道が廃止されるのはその四年後になるわけですが、そのときは下等な宗教とみなされたものが軒並み廃止させられた。六十六部《ろくじゅうろくぶ》（室町時代に生まれた信仰形態のひとつ。法華経を写経し、白装束姿で全国六十六国の霊場に法華経を納めて歩いた）とか、明暗宗《みょうあんしゅう》（普化宗《ふけしゅう》。深編み笠をかぶり、尺八を吹く虚無僧姿で全国を歩いた。本山は京都の明暗寺）だとか、巫術《ふじゅつ》（シャーマニズム。霊魂の脱魂や憑依を操る術）も、まじないとみなされ廃止させられた。仏教本流とは違う民衆のなかに入って怪しげなことをしている宗教という扱いだった。諸国遊行者も停止させられている。

神仏判然令は確信犯的な方針があっておこなわれたのですが、修験道廃止令は私には、怪しげな民衆宗教を取り締まるというようなレベルで実施されたようにも感じられるのです。

田中　神仏判然令は、神様か仏様かはっきりしなさいという命令ですよね。その結果、神社の中にある寺は出て行けということになった。それで神宮寺のような寺は壊された。さらに神仏判然令は、権現信仰の廃絶という意味ももっていた。

宮城　それが修験廃止の前段階にあった。

権現信仰

内山　権現信仰は姿かたちなき真理＝本質が姿を現しているという考え方ですね。山として姿を現したり、神として、仏として姿を現したり。だから山に祈り、神仏に祈った。

田中　日本の霊山は、ほとんどが権現信仰なんですよ。吉野の蔵王権現をはじめ、白山権現、彦山権現、羽黒山権現、富士山もいまは木花咲耶姫（『古事記』などでは、天孫降臨をした天照大神の孫、ニニギノミコトの妻になったとされている）を祀ったりしていますが、もともとは浅間《せんげん》大菩薩という権現だった。そういう神でもあり仏でもあり、自然でもある祈りの対象が、神仏分離とともに廃止されていった。

宮城　末代上人《まつだいしょうにん》（一一〇三～不明、平安後期の僧侶。霊場としての富士山を開き、麓に寺をつくった）が富士山を大棟梁権現《だいとうりょうごんげん》という権現神として祀るようになったのだから、やはり権現信仰でしょう。

田中　神仏を分けると権現は存在できなくなる。権現は、神、仏という区分を超えた祈りの対象だったのですから。自然がそうであるように、です。金峯山寺ではこの明治の法難にご本尊である蔵王権現の厨子《ずし》の扉を閉めて権現さまを隠すことで守りましたが、それまでは日本中いたるところで祀られていた蔵王権現がほとんどいなくなってしまった。宮城、山形の蔵王のように、地名は残っていても、主神であった蔵王権現は消し去られた。先ほど話題になった東京青梅の御岳山も、もともとは蔵王権現の聖地だったはずなのですが、いまは祀られていないでしょう。

宮城　神仏判然令のなかで、牛頭天王《ごずてんのう》（薬師如来が牛頭天王という神として日本に現れた、とする信仰。牛頭天王は牛の頭をもつ大男で、厄災を取り除くとされる）などの仏教の考え方で権現と名乗っていたものは、すべて取り除けという指令が出されているのです。ところがそれだけ取り除いても、修験道信仰があるかぎり、権現信仰は残る。つまり、そういう精神風土のあることが、明治政府にとっては邪魔になった。だから邪教として修験道を取りつぶしたのが、明治五年の修験道廃止令だったと思うんです。この明治初期の動きは、かなり計画的なものだった。たとえば明治元年の三月に神仏判然令をだしておいて、それに誘発されて各地で廃仏毀釈の動きがでてくると、その三カ月後の六月には、神仏分離は廃仏、つまり仏教廃止ではないから安心しろと真宗（浄土真宗）各派にだけ通知をだしている。本当に、政治的、計画的な動きをしているんですね。

田中　誰が神仏分離を用意したんでしょうね。先ほどの宮城さんの話のように、水戸藩などが早くからそういう計画をつくっていたとしても。

内山　僕は江戸時代には、権力に対するふたつの考え方が不調和のままに展開したのではないかと思っています。江戸期になると幕藩体制ができてきますが、これは日本各地にさまざまな藩という国があって、その国々を最大の国である幕府が仕切っているというかたちだった。戦国時代からの流れとしてはこのかたちが調和点ですから、それで安定するならそれでよいと考える人たちもいた。しかしもうひとつの方向性としては、幕藩体制ではない統一国家日本を目指す人たちもいたのではないか。ヨーロッパにおける絶対王政に近いかたちです。各地の藩主は幕府に従属した国王ではなく、将軍の家臣であるという体制です。この方向での理論的ブレーンのような役割をはたしていくのが儒学者たちでしょう。家康から四代将軍家綱までのブレーンであった林羅山《はやしらざん》（一五八三〜一六五七、朱子学〈朱熹《しゅき》の解釈による儒教〉派の儒学者。神田に昌平校をつくり、ここは上級武士の学問所になった）などはその代表ですが。

儒学の考え方に従うなら、社会は国王、家臣、民という構造をもっていてこそ成立するもので、これは統一された国家のかたちなのです。統一国家をつくろうとする動きと儒教国家をつくる動きは、当時としては一体だった。これは明治維新にまで引き継がれて、最終的には天皇を国王とする統一国家をつくったのですが、そういう方向を目指そうとすると民衆もまた民として明確化されなければならない。民衆の自然信仰だとか土着化した仏教とかよくわからない信仰はすべて整理して、国王に従う民をつくっていかなければならなかった。「合理」というのはもともとは儒教用語ですが、儒教的合理性の社会をつくろうとすると、不合理なものは排斥されなければならなくなる。

檀家のない寺

田中　関西は吉野、大峯にも近いし、古くから修験道系のお寺や市井の修験者も大勢いたため、修験道の水脈は切断されることはなかった。関西の人は戦前までは、みんな山伏を知っていましたよね。ところが戦後になると、共同体の崩壊が起こり、大峯信仰も衰退していく。修験道が根本的に苦しくなったのは、上からの弾圧よりも共同体の崩壊が原因だった。

宮城　共同体には祈りの共有みたいなのがあって、その祈りのなかに修験者がいて、山への信仰、自然への信仰が根付いていた。

田中　先ほども言いましたが、僕が子供の頃は、京都府下の綾部でも、山上（大峯山塊のなかにある霊峰）に行かないと、男の子になれへんとみんな言っていましたからね。修験道は個人の信仰ではなく、共同体の信仰みたいなところがあった。生き死にが共同体とも山ともつながっているみたいな。

宮城　京都にはそういう雰囲気が残っていましたな。

内山　関西は明治以降もけっこう修験道は生き延びていましたね。

宮城　明治の修験道廃止令が出てからは、一時は関西の修験道も衰退したのです。しかしすぐに盛り返してきた。昭和三（一九二八）年に御大典《ごたいてん》（天皇の即位の礼。昭和天皇が即位したときには大規模な行事がおこなわれた）の記念入峰があったのですが、その写真を見ると、吉野の蔵王堂の境内を山伏が埋め尽くしている、聖護院一山の山伏だけで。明治の衰退から盛り返した姿だと思う。戦後間もないときに、役行者千二百五十回忌というのがありました。そのときの様子を司馬遼太郎さんが、たしか新聞に書いているんですが、京都の円山公園に数百人の山伏が集まった。なかには帯刀している山伏もいた。進駐軍の米兵が物珍しげにその様子を写真に撮っていると、ふっと山伏が振り向いて、帯刀している腰に手を当てた。そうしたらその米兵が慌ててカメラを落としたところを司馬さんはみる。司馬さんは、戦後の山伏の意気を感じたと書いている。戦争で痛めつけられた時代のなかでも、ときには衰退しても、また盛り返してくるみたいな波はつづいていた。私が初めて大峯の奥駈に入ったのは昭和三十年代でしたが、その頃でも講の活動は盛んだった。

ところが昭和四十八（一九七三）年にオイルショックが起きる。あの頃に関西でも講の力が最終的にがくっと落ちた。戦後の社会変化で講のような組織は苦しくなってきてはいても、京都のようなところでは、なんとかもちこたえてきたのです。それがもちこたえられなくなった。講を中心になって担ってきたのは、地域や職人の代表みたいな人たちだったんですが、みんな自分の仕事の経営が大変なことになってきた。「これまではウチにいる職人さんたちに仕事をしてもらって、自分は休んで山上参り（山上ヶ岳にお参りに行く）に行くこともできたんだけど、もうそんなことする余裕はなくなりましたわ」とか、「私らが仕事せんことには、子方《こかた》（親方の下で働く職人）が仕事でけへん」、そういう話を聞くようになって、西陣あたりの講が急激に勢力を失った。

大峯入峰（山上参り）というのは、私のところでは聖護院が呼びかけて、いろいろな講の人たちが参加してきて、奥駈修行にどっと行くというかたちをとってきた。ところがオイルショックのあたりから、本山が呼びかけても、講自体が弱ってきてしまった。もうひとつ、その頃になると、講に束縛されるのがいやだという人たちも増えてきた。団体で山に行き、みんなが一定の方向に足や目を向けて修行するということに慣れていない人たちが増えてきて、個人を重視する風潮のなかで講が苦しくなっていったということもありました。

田中　東京は、明治以降町のあり方が一変して、山伏がいなくなってしまう。その後、山伏というと、精神的にも距離的にも近いところにいる人ではなく、特殊な人になってしまった。歌舞伎とか、映画でしかみたことのない人みたいな。

内山　映画などにでてくる修験者は、いつも弁慶みたいな格好をしていますよね。白装束で、鈴懸つけて、結袈裟かけて、頭にトキンのせて、金剛杖と法螺貝をもって。

田中　修験者の正装だから、山に入って修行するときや護摩を焚くときなどはだいたいあの格好をしますが、多くの山伏は普通に働き暮らしている町や村の人だった。

内山　僕は金峯山寺近くの法衣を売っている店で以前、山伏の正装に必要なものを購入したことがあります。そのときお店の人が、これは正装ですから、お葬式に行かれても、結婚式にでられてもかまわないんですよと教えてくれた。でもあの格好で結婚式や葬式に出たら他の人がびっくりしてしまう。会う人会う人に「これは正装で」と説明しなければならない。そう考えると、黒のスーツを着た方が楽です（笑）。店の人からそんな話を聞きながら、山伏の正装で普通に通用した時代もあったのだなと思いました。

宮城　関東の聖護院の末寺では、いまでも葬式のときは鈴懸を着た山伏の正装をする。伝統としては残っている。

田中　聖護院さんの末寺には、檀家さんのいる山伏の寺がまだありますよね。

宮城　いや全体でみれば、檀家のいない寺の方が多いです。

田中　檀家のない寺って、じつは結構あるんですよ。天台宗など他の宗にもそういう寺はありますよね。でも一番多いのは山伏の寺ですね。

宮城　現在の普通の人の感覚では、葬式するのが寺だと思っている。檀家がいて、葬式や法事をするのが寺みたいな。山伏の寺は基本的には檀家をもっていない。ですから寺に集まってくる人たちも、檀家としてはどこか別の寺の檀家です。寺檀制度のもとでは、別の宗門のお寺と結びながら、修験の活動をしていた。

田中　江戸時代になって寺檀制度、寺請制度ができたとき、この制度のなかに修験の寺は組み込まれなかった（序章参照）。修験を正式の仏教として認めなかったということもあるんですが、一面では下等な宗教扱いでもあった。教団宗教ではなく、庶民が守り抜いていった信仰ですから。

宮城　修験者の収入としては、加持祈禱が大きかった。「かすみ」というんですが、縄張りのような取り決めがあってね、この村は○○さんという感じで。昔は子供が生まれると地域の修験の寺に一週間くらい預かってもらって、その寺から子供を授かるというかたちで家に連れて帰るというのもよくおこなわれていましたね。取子《とりこ》というのですが、そこまでしなくても生まれた子供に名前をつけてもらうとか。修験者たちは共同体の人たちの願いを受けていろんなことをしていました。昔は幼児の死亡率が高かったですから、神仏の力をもらって丈夫に育つことは切実な願いだった。

田中　そのかたちが定着したのは、おおむね近世期、江戸時代のことです。

宮城　そうですね。

田中　かすみの組織はもう少し前からあったのでしょうけれど、修験道を本山修験と当山修験に分けて、きちっとした縄張りをつくらせていくのも、幕藩体制下の政策だったのでしょうね。

内山　前にも述べましたが、幕府の政策で、修験道は天台系か真言系のどちらかに入らなければいけなくなった。その結果、天台系の本山修験道と本山派（総本山、聖護院）、真言系の当山修験道と当山派（総本山、醍醐寺三宝院）の二つに分かれたわけですが、幕府の意図としては全国的な系列をつくって管理しやすくするとか、両派を争わせて力をそぐとかだったような気がするのですが。

宮城　本山修験と当山修験に分けたときには、表向きは両派でかすみ（山伏の支配する地域）を取り合ったりしてトラブルが起きないようにと、幕府の裁定がずいぶん出された。この山は当山修験の管理下におくとか。実際には豊臣秀吉方に与した修験勢力を排斥するとか、結構政治的におこなわれていた。

しかし、本山派と当山派に分けても、末端までそれが行き届いたのかといえば、そうでもなかった。一応本山修験、当山修験のかたちはできあがっていきますが、修験は民衆のなかにあったので、本山派だ、当山派だということが意味をなさないこともある。本山派であるはずの寺が、真言宗室生寺派の寺の檀家であったり、逆に当山派であるはずの寺が、本山派修験として活動していたりした。

田中　江戸期以前の寺や神社は、国家からみるとはみでた存在なんですよ。共同体の信仰の集約点みたいなところで、共同体は武装もしていた。だから何かあると寺や神社に集まって、一揆を起こしたりしている。祈りの場と生きる場が一体なんです。それを壊さないと、全国的な支配体制はつくれなかった。ですから豊臣秀吉は全国統一を成し遂げると、まず刀狩りに着手した。民衆を武装解除しようとしたんです。実際に刀狩りが完了するのは徳川家康の時代になってからですが、これによって民衆の自治組織が骨抜きにされた。そうなればその自治組織の集約点にあった寺や神社も統制しやすくなってくる。刀狩り以降、寺や神社はお上に対して従順になっていき、寺檀制度に組み入れられていった。お上にとって、都合のいい宗教に変えられていったのです。刀狩り以前は、国家権力とは違うもうひとつの権力みたいなものが民衆側にあったと思うんですよね。そのなかに寺や神社があった。それは修験だけのことではなかった。東西本願寺を分けたように、修験も分けて統制しようとしたんでしょうけれど、修験は統制しきれるものではなかった。ただし、本山派と当山派に分けたときには、圧倒的に本山派が多かった。

宮城　はっきり分けないと、当山派にとって組織化する上で不都合だった。

田中　ところがそういう幕府の政策をかいくぐるように、江戸時代に修験は庶民化していく。里山伏がでてきて、里に定住して、村や町の生活に溶け込んでいくような山伏たちがでてくる。それまでのプロの山伏とは違う市井の聖のような人たちです。

宮城　この過程では、プロの山伏が本山派、当山派に入らずに、神道修験（神道系修験道）に変わっていくというようなこともあった。

生き残った大峯信仰

田中　私のいる吉野の金峯山寺も、修験道廃止令がだされた二年後の明治七（一八七四）年に廃寺にされました。中心にあった寺が廃寺ですから、ここから山上に向かった大峯信仰のかたちも、ある部分は変わらざるを得なかった。それでも金峯山寺は修験信仰を守って、山上山下の本堂が一体であるという開創以来の体制は変わりましたが、山下の蔵王堂を中心とする金峯山寺は明治十九（一八八六）年に天台宗の末寺として復活します。ところが全国の修験の寺をみると、修験道廃止令によってほとんどなくなってしまう。そして神社になっていった。富士山や御嶽山、四国の石鎚山、九州の英彦山、山形の羽黒山などがそうであったように（御嶽山や羽黒山では仏教修験を守ろうとする活動も維持されたが、山は神社の管理下にされた）。

宮城　そうですな。

田中　富士山など、昔からの修験の霊山に行くと、いまでは、ほとんどが神社になっている。神社になって信仰のかたちも変わっていって、ついには観光の山になってしまったところもある。富士山などは、観光の山にひた走っていった。富士講も次々となくなっていった。修験の信仰がなくなっていった山はいっぱいあり、その山と結んでいた講もなくなった。全国的にみれば、それが明治以降の現実です。ところが、吉野、大峯では、山伏の信仰が廃れなかった。神仏分離と廃仏毀釈があったときには、山上本堂（金峯山寺）に祀ってあった秘密の行者像とか蔵王権現といった尊像をお花畑という場所に新堂を設けてそこに移して、儀式なども継承しながら、廃寺という明治の荒波を乗り越えたのです。その後に日本の人口も増えてくるし、大東亜、八紘一宇というような雰囲気が高まってくると、身体の鍛練をかねて関西各地の男の子が大峯に上る習慣ができていった。

内山　富山の立山などもそうですね。

田中　修験の山に入る修行のあり方に、国としても使えるものがあったのでしょう。いろいろな資料をみると、大正年間にはものすごい数の人たちが大峯に上っている。大峯の歴史のなかでは、おそらく、一番登拝者が多かった時代じゃないのかな。全国的にみると明治になって修験道は力を落としていくけれど、大峯は明治の荒波を乗り越えて、むしろ興隆していった時代があった。先ほど宮城さんがおっしゃった昭和元年の御大典のときも、そういう時代の大峯修験だったと思うんです。

金峯山寺は廃寺になった後、天台宗の末寺として復興し、そういうこともあって戦後の初代の管長さんは本山の天台宗からきていた。そして昭和二十三（一九四八）年に天台宗から独立して、いまの形である金峯山修験本宗になった（当初は大峯修験宗を名乗るが昭和二十七年に現宗名に改名）。その天台から独立したときの晋山式《しんざんしき》（寺が新しい住職を迎えるときの式。このときは、新しい宗門として出発する式典でもあった）の写真をみると、講の人たちも含めて、お祝いのために蔵王堂の境内にものすごい数の山伏が集まっているんです。大峯信仰は、戦争直後もまだそういう雰囲気だった。ところが共同体が解体され、登拝者の数はこの半世紀で激減している。

宮城　昔は聖護院の山伏や講の人たちは、聖護院から歩いて吉野に行き、山上に泊まって大峯に入った。そのうち電車とかバスとかを使うようにはなりましたが、昔ですから時間がかかりました。そうやって時間をかけて山上に泊まり、大峯に入ると、山が教えてくれることをいっぱい感じ取ることができた。ところが道路がよくなって、山上に泊まらなくても、朝早く出れば夕方には山から下りてこられる、弾丸入峰もできるようになった。そうすると、山から受け取れるもの、教わるものも変わってくるんですね。山から教わるものは言葉にすれば「やっぱり山ってええなあ」なんですが、その言葉に込められたものが、山伏の後継者をつくってきた。さっと行って、さっと帰るようになってしまうと、その言葉がでないようになってきた。後継者に伝える言葉が失われていった。そういう変化もあったなと僕は思う。

個人の時代へのまなざし

田中　僕はむしろ、この社会的な変化に大峯信仰がついていけなかったんじゃないかと思っている。時代の変化についていけない宗教は、いつの時代でも消えていきます。修験がつづいてきた理由を考えるならば、まず律令制がつくられ古代国家が生まれていく過程で民衆の心のなかに入り、鎌倉時代に入るとプロの山伏と各地の山の関係がつくられていった。江戸期になるとさらに庶民のなかに入り、日常生活のなかに修験があり、庶民が山に上ることと一体のものとしてつくられていく。講をつくりながら、江戸時代の共同体のなかに降りていったのです。そういう風に歴史とともに変化していく力が、修験を継承発展させつづけたのです。その時代時代のなかで、人々の求めている救いを拾い上げる方法をもたないと、宗教というものは生きつづけられない。

内山　近代以前の宗教は、キリスト教も含めて、どんな宗教でも共同体の信仰として成立していた。ヨーロッパでもキリスト教が村々の世界に広がっていくのは、十一世紀以降のことなのですが、そのキリスト教は、「村のキリスト教」「共同体のキリスト教」だった。それが近代になると、「個人のキリスト教」になっていく。この変化はあらゆる宗教に共通していて、日本の普通の仏教も、今日では個人の仏教の色彩を強めてきているでしょう。村々のお寺とともにある仏教、共同体のなかにある仏教という感じから、個人の迷いや悩みを救済する仏教へと変わっていった。問題は、それでよかったのかな、ということなんです。個人の宗教になってしまうと、その信仰に加わるかどうかは、個人にとって加わるメリットがあるかどうかになってしまう。メリットがあると思えば加わる。しかし信者集団に入れば面倒くさいこともあるし、デメリットもでてくる。メリット、デメリットそのどっちが大きいかということになる。ですからヨーロッパでも、キリスト教が個人の宗教になるにしたがって、加わるデメリットを感じる人たちも増えていって、それだけが理由ではないにせよ、キリスト教は衰退していった。僕がよく行くフランスだと、クリスチャンといえる生活をしている人は、現在では一割もいないという感じです。多くの人にとっては、教会は観光地のようなものになっている。個人の時代に合わせて、宗教も個人の宗教に変えてしまうと、宗教自身が衰弱していく。宗教は、この歴史をどうみていったらよいのか。宗教や信仰は、個人の時代に対する抵抗というものももたなければいけないのではないか。それは、どうやって講や共同体を新しいかたちで再生するのかということですが、そのための努力が必要になっているのではないかと思っています。

田中　私もそう思います。金峯山寺は、二〇〇〇年を前後して、役行者ルネッサンス、修験道ルネッサンスを提唱し出しましたが、そのときの私の問題意識は、近代という化け物との戦いでした。私は昭和三十（一九五五）年生まれですから、高度成長期の申し子みたいな世代です。文明が高度化して、暮らしが豊かになって、物で豊かになることが幸せであるとみんながそれを信じていた時代です。そういう幻想に包まれた時代のなかで生きていて、ちょっと違うんじゃないかと感じたのが、私にとっては近代との戦いの入り口になった。近代というのは、物は豊かになるが人間を個にしていく。近代的自我みたいなものが人間の本質だ、というような幻想が時代を覆っていく。それは帰属するものを、どんどん人間から取り上げていくことなんです。別の言い方をすると、風土をなくしていくことなんですね。

人間の帰属先というのは、狭い意味での組織ではなくて、自分が包まれている世界みたいなものです。そこには自然も入っているし、先祖も含めて人間たちが積み上げてきたものがみんな入っている。神仏を感じとってきた世界でもある。そしてそれこそが風土だった。だから風土を取り戻すことが必要なのです。風土から生まれたのが文化であり、文化が内蔵されているのが風土なのです。

いま使われている「文化」という言葉は、「Culture＝カルチャー」の訳語。カルチャーの語源は「耕す」というところからきている。ですから風土とは、自然と一緒になって、みんなで耕しながら生きている世界なのです。グローバリゼーションが進行して、世界中がひとつの価値観をもつようになっていったとき、物の豊かさだけで人間は幸せになれるのか。僕はそれは幻想だとわかった。やはり包んでくれているもののなかで人間は幸せを諒解する。現代社会のなかでどうやって風土を取り戻していくのか。風土を取り戻せるような新しい時空は、どうやったらつくっていけるのか。それが僕の近代との戦いであり、修験道復興の道なのです。もちろん一方では、近代の思想を享受する生活があり、簡単には手放せない難しさがあるのですが……。

宮城　修験道がもちつづけた理想の世界というのは、まさにそこにあると思う。田中さんとおつきあいのあった宗教学者の久保田展弘《のぶひろ》さん（一九四一～二〇一六、新潮選書『修験道・実践宗教の世界』などの著者）が山川草木に惹かれると言っているけれど、そういう心を我々はもっていると思うのです。本当は風土に惹かれる気持ちがあるのに、近代的理性でそれを押しつぶしているのが、近代人たる我々なんです。

田中　欧米文明とどう向き合っていくのかも私たちの課題ですね。欧米文明の基にあるのは、やはりキリスト教的な一神教がつくりだした価値観。神と自然と人間が、同心円のなかには存在していない。神は超越的なところにいて、自然と人間も分離されている。この三者がバラバラになって、神―人間―自然の支配、従属関係ができあがってしまっている。しかし、日本だけではなく、ネイティブアメリカンや、東南アジアなど各地の先住民たちの思想や信仰では、神も自然も人間も同心円のなかにいる。神、自然、人間は、お互いがいてこそ存在し合うパートナーなのです。こういう世界観はこれから大事になっていくと思う。これがキーワードだと思っています。

欧米の人たちのなかからも、自然を大事にしようという運動、エコロジー運動が広がってきていますが、そもそものキリスト教思想は『旧約聖書』の「創世記」に出てくる〈産めよ、増やせよ、地に満ちよ〉だった。キリスト教徒がこの大地を支配せよということでもあり、人間が大地を支配しろということでもあった。ところが支配しすぎてしまって大地＝自然が壊れてしまった。キリスト教思想からくるエコロジーだと、これ以上壊すと自分たちの生きる環境まで危うくなるという〈人間のためのエコロジー〉、人間中心主義的エコロジーになってしまう。一方で、ディープ・エコロジーの思想などがでてきて、人間中心主義的な発想こそが問題だと考えるエコロジストも生まれてきた。そういう人たちに対しても、神と自然と人間が同心円的にひとつの世界をつくっている世界観というものは、可能性を提示していると思いますね。日本人はこの世界観が当たり前であったから、世界観が違うということを意識することなく、伝統的な世界観をもちながら欧米文明を享受したんですね。

ところがその結果、いろいろなものを壊してしまったということに気がつきはじめた。自然が壊れたとか、個人が裸になっている社会ができてしまったとか、ひたすら物の豊かさ、便利さだけを追い求める社会になってしまったとか。そういうことに気づいたとき、欧米的世界観でいいのかということにも、何となく気づいていく。そういう心が日本人にはあるような気がします。

梅原猛（一九二五～二〇一九、哲学者）さんが、その著書『神殺しの日本』（朝日新聞社）のなかで、明治以前に戻れとおっしゃっているけれど、私たちの周りにあるものは、ほとんどが明治以降につくられたものばかりですから、明治以前の世界観に戻っていく手がかりがない。ところが、その手がかりのひとつが修験道だと思うのです。修験道には、近代以前のものを護りつづけている面があって、山に修行に入るとそれが分かってくる。自然とは何か、人間とは何か、神仏とは何かが感じられる。そうしたことをとおして、気づいたり、取り戻したり、学びなおしたりすることが生まれてくる。修験道は理論を教える信仰ではない。修行によって感じとっていく信仰です。つまり、何かを感じとることができたとき、古代からつづいてきた、もしかすると縄文の時代からつづいてきた、日本の風土に気づくことができる。昔の人々がつくってきた世界観に、いま自分は戻ろうとしているのかもしれない、と。欧米文明ではない世界に戻っていこうとしているのだ、と。そういうことへの欲求が、都市の生活のなかからも生まれているのが現在だと思いますね。だから、修験道に興味をもって山にくる人たちが増えてきた。この変化に対応できる能力を、修験道の側ももたなければならないのだと思う。

第七章　神仏を失いつつある時代

日本列島に暮らした人たちが帰属してきたもの

田中　先ほど（第二章）宮城さんも述べられていましたが、日本人というより、日本の風土自体に、自然との結びつきのようなDNAが受け継がれている。だから、欧米生まれの人でも、いつの間にかこの「風土の記憶」のようなものに「感染」してしまう。山伏修行にくる人といっても、日本の風土のことを考えながら山を歩いているわけではありません。そんな難しいことは誰も考えていない。にもかかわらず歩いていると、昔から受け継がれてきた世界観、自然と人間と神仏が同心円的に結ばれている世界を感じ取る。自然を征服しようなどと思わなくなる。大峯でいえば、役行者が歩いた道を歩かせてもらっているありがたさを感じる。そして、自然に手を合わせたくなる。

内山　二十世紀の人文系の学問の世界では、欧米でも、「人間の記憶とは何か」がずいぶん議論されてきた。たとえば僕は昭和二十五（一九五〇）年の生まれですから、僕にはこの年以前の記憶はないはずです。多少は他人から聞いたり、本を読んだり、映画を観たりというようなことで知ったことも記憶のなかに紛れ込んでいるでしょうけれど、記憶は自分が経験したことしか知らないはずです。ところが無意識のうちにでてくる感覚とか判断というものがあるんですね。人間は経験のないことに直面すると緊張する。たとえばそれまで行ったことのない外国にでかけたりすると、そこのルールなどもよく分かりませんから、しばらくはけっこう緊張している。自分の記憶が対応方法を知らないから、緊張するんです。にもかかわらず、それまで知らなかったような自然にはじめて触れたとき緊張するかといえば、むしろ心も体も緩んでいる自分に気がついたりする。はじめて田んぼの景色をみた子どもが、緊張のあまり動けなくなるというようなこともない。そういう判断はどこからでてきているのか。

どうやら人間の記憶の奥には「深淵の記憶」とでもいうようなものがあって、それは受け継がれたものらしい。精神分析学の大家であるユングは、人間の意識の奥には無意識の意識があって、それは生命の歴史が積み上がってできた集合意識だというようなことを言っています。どうやら人間の意識や記憶の奥には、自分の経験だけでつくったのではないものがあるらしいのです。その意識や記憶がふっと解放されると、それがいろいろなものを感じさせたり、判断させたりする。そう考えるというのは意識のなかでするわけですが、考えていないのに、山伏修行をすると分かることがある。それはユング的にいえば、無意識の意識がそう感じさせている、ということになるのでしょうけれど、奥にある記憶がそう感じさせているといってもよい。そういう奥にあるものを解放していく力が日本の風土にはあった。

田中　そうですね。

内山　日本で暮らしている在日アジア人や留学生たちも、最近ではどんどん感覚が日本的になってきているように感じます。在日アジア人たちが母国に行くと、母国の風土と合わない感性をもっている自分に気づいて戸惑ったりしている。いまでも在日アジア人に対する差別がなくなったわけではないけれど、以前のような激しい差別は表面からは消えてきた。厳しい差別を受けていると、どうしても意識をしっかりもって対抗しなければならなくなる。そのように意識で押さえ込んでしまうから、奥にある無意識の意識や記憶が解放されない。ところが意識で対抗する必要性が低下してくると、奥にある記憶と馴染むものを受け入れるようになる。おそらく世界中のすべての人たちが、自然と共に暮らした記憶や、暮らしのなかで偉大だと感じるそうしたものを受け入れる記憶をもっているのだと思うのです。

田中　歌舞伎でも能でも、浄瑠璃でも、この風土に触れた外国の人たちは、日本人以上に心が動かされたりするんですよね。文化とは記憶です。記憶の伝承によって、文化は文化になっていく。

宮城　修験は登山でもスポーツでもない。私たちの社会が長い間受け継いできた文化です。だから、修験を文化として継承していく記憶がなくなってしまうと、単なる登山になってしまう。でも、面白いのは、そのことを勘違いして登山の感覚で参加してくる人も、みんなと一緒に山を歩き、祈りを捧げているうちに、自然にこれは文化なのだということをつかんでいくんですよ。

内山　沖縄の土着的な信仰も、修験とは違うもののはずなのに、修験道的ですね。山に行くわけではないけれど、修験道と共通する文化みたいなものを感じる。

田中　そうですね。沖縄本島の南東部にある、古くから伝わる信仰の場である斎場御嶽《せーふぁうたき》（琉球の土着信仰である御嶽信仰の霊場のひとつ。御嶽は神が訪れる場とされ、男子禁制だった。琉球王国は斎場御嶽を最も重要な場所として保護した）に行くと、特にそれを感じる。うち（金峯山修験本宗）は小さな教団ですが、なぜか配下に北海道と沖縄にいる人が多い。沖縄の人もよく修行にきます。まあ、沖縄には山らしい山はありませんけど。もともとは北海道も沖縄も縄文文化圏ですから、その時代から受け継いできた世界観、人間の帰属先のとらえ方に共通するものがあるのかもしれません。

祈りが教えてくれるもの

内山　近代社会では、人間の帰属先が制度になってしまった気がします。たとえば国家や企業が帰属先になり、宗教でも教団が帰属先になったりした。しかしこの帰属先は、戦前の国家のように、制度が壊れれば消えてしまうし、企業という帰属先も、いずれ退出を余儀なくされる。制度を帰属先にするかぎり、永遠ではないのですね。さらに言えば、自分では帰属先だと思っていても、制度に支配されたり管理されたりするだけになってしまいかねない。現代は、そういうことが感じられはじめている時代だと思うのです。その結果、民衆がつくり受け継いできた帰属先が、無意識のうちに視野に入るようになってきた。今日では、各地でもう一度共同体＝コミュニティをつくろうという活動をしている人がおおぜいいますが、共同体は制度のように見えて、制度を超えていくものでもあったと思うのです。日本の伝統的な共同体は自然と生者と死者の共同体ですし、その結び合いのなかに神仏への祈りをもっていた。表面的には制度ができても、奥で動かしているものは制度ではなかった。とすると、この制度ではないものをどうとらえているかですが、いま私たちはそれを自然信仰という言葉で表現しているのだと思います。

宮城　自然信仰というのは、自然はありがたいということだけではない。自然への祈りが自然と人間の関係を支えている。

田中　東日本大震災、津波、原発の爆発。そういう映像を目にしたとき、多くの人たちは衝撃を受け、祈りしかないという気持ちになった。私は大震災の起きた三月十一日の翌日から毎日、震災の時間＝午後二時四十六分に一年間お祈りをつづけていました。その祈りによって直ちに何かが解決するわけではないのですが、祈りからしかはじまらない。祈りをつづけながら歩んでいく。そこにも日本の風土の記憶がある。

宮城　そう、まさに、祈りから出発するしかないと思いましたね。

田中　ところが、ある文化人は、あの被災地の絶望的な風景を見て、「神も仏もない」と言ったそうなのですが、それは間違っていると僕は思う。神や仏は、祈りをとおして存在するものなのです。祈ったからといって、津波にのまれた町が元に戻るわけではないし、放射能が消えていくわけでもない。しかし、亡くなった人の成仏を祈り、生き残った人たちのこれからを祈る。放射能流出の収束を祈る。この祈りの先でしか行動できないものがある。自然信仰は、自然に対する祈りがあるから、その先にみえてくるものがあるのです。

宮城　日本列島に暮らしてきた人たちは、自然に祈りながら自分たちの生きる世界をつくってきた。祈りをとおして、自然と人間の結ばれた世界をつかみ取ってきたのです。そういうものも受け継がれてきていたんですね。だから東日本大震災に遭遇したとき、多くの人が祈りしかないと感じた。以来毎朝祈りもつづけています。自然への祈り、被災者への祈り、津波の映像を見て恐怖した人たちへの祈り。原発によって生みだされた、人々が抱く不安や被曝した自然に対しても祈る。そういう祈りをとおして原発のない社会をつくらなければいけないということがいっそう強く感じられてくる。

田中　あの三月十一日以降、近代文明を考え直さないといけない、近代を問い直さないといけないと言いながら、一方でいままでのあり方を維持しようみたいな動きもある。なかったことにしようという動き。

宮城　人々がそうしようとしているのか、国がそうしようとしているのか、どちらもでしょうか。

田中　結局、功利的な考え方、効能だけで見てしまう合理主義というものは、そういう傾向も生んでしまうのですね。原発の効能と原発をやめたときの効能だけの争いにしてしまったら、本質がわからなくなる。自然への祈り、自然とともに生きることへの祈りがあってこそ、心から原発はやめようと思うのです。

宮城　そのことを修験道だけではなく、あらゆる宗教家が実践し、アピールし続けなければいけない。宗教の側から現代世界について語る入り口は、そこにあると思うのです。聖護院には毎月十一日、聖護院とともに生きようとする山伏たちが自然に集まってくるようになりました。声をかけなくても集まってくれるのはありがたいなとも思うし、こういう事態になって、山伏たちは今日なお生きていたことを証明してくれた。そういう力が日本の風土にはあったのです。祈りのなかに願いがあり、闘いがあり、自己の問い直しがあった。

田中　東日本大震災から十日くらいたったときのことですが、金峯山寺では臨時集会をもった。金峯山寺とともにある人々と一緒に蔵王堂で被災地の救済と物故者の鎮魂を祈る護摩を焚いたんです。そのときたまたま東京から参拝された人がいたのですが、その方は東北出身でした。ところがその方の知り合いは誰も大きな被害に遭わずにすんだ。そのことに感謝するにはどうしたらよいのかと思っていて、気がついたら新幹線に乗って吉野にきていたという。そうしたら吉野の金峯山寺で慰霊と復興、救済への祈りが行われていた。その偶然にすごく感激したそうです。東京に帰ったら東北の知り合いたちにも、吉野でこういう祈りを上げていたということを伝えたいと言っていました。その話を聞いて私たちは、ご本尊の蔵王権現がその方をとおして、それでいいんだぞと教えてくださったのだと感じましたね。祈りから歩みをはじめると決意していても、それで本当にいいのかという迷いも出てくる。私たちにとっては、覚悟の祈りでもあったのです。ですからその方の言葉をとおして、蔵王権現が私たちを許しているように感じました。金峯山寺のご本尊である蔵王権現は、日本列島に暮らした人々の、自然への祈りも現わしているのです。自然と共に生きながら、自然の脅威に対しても向き合わなければいけなかった。その脅威が鎮まることを祈った。祈りながら、共に生きている自然とは何かをつかみ取ってきた。

東日本大震災のときの津波の映像が教えてくれたのは、荒ぶる自然に対して、人間には祈りしかないという現実でした。とともにその自然をつかんで生きていくことを祈るしかないという現実でもあった。東日本大震災や原発事故などに対しても、まずは祈りしかないという気持ちにならなかった人たちからは、口先では近代文明を考え直さなければいけないとか言うけれど、現実に寄り添っていないものを感じるんです。もう忘れたい、みたいな雰囲気を感じるときもある。

宮城　感じますか？

田中　国にそういう雰囲気があるということかもしれませんが、特に原発事故については、事故に寄り添うことなく再稼働を進めたいみたいな、そういう人たちもいるでしょう。

宮城　祈りをとおして自分たちが存在している世界をとらえていくという作法は、修験にかぎらず、どの宗派でもやってきたことだと思う。とともに、この祈りは継続してこそ意味がある。毎日祈り続けると感じられてくるものがあるし、そうやって理性の力では到達できないものを人々はつかみ取ってきたのです。

田中　表面的な世界の奥にある、本当の世界に気づくということですね。

宮城　本当の世界に降りていって祈るから、祈りがいろいろなことを気づかせてくれるのですが、祈りが本当の世界に私たちを連れて行ってくれる、ということでもある。

田中　祈っていると、つながりに気づくのです。被災し、亡くなった人たちに祈りを捧げていると、亡くなった人たちには一人も知り合いがいなくても、奥の方では自分ともつながり、共に生きていたつながり合う人を感じる。人間たちの無限のつながり。そのなかに私も亡くなった人もいる。

宮城　亡くなった人にとっては、生きていた時間は過去になっているんですね。でも、今日うちの寺でついた鐘は、明日には過去になっている。過去についた鐘があるから、今日つく鐘もある。昨日祈りながらついた鐘があって、今日祈りながらつく鐘がある。ここにもつながっていく世界がある。ですから、亡くなった人たちへの祈りをとおして、これは仏教でいうと追善回向《ついぜんえこう》になるのですが、それをとおして亡くなった人たちの現在に祈り、未来に祈り、過去に祈る。過去、現在、未来もひとつのつながりで、境目はわからない。現在は瞬間的に過去になり、未来もまた瞬間的に現在になり、過去になっていく。実は過去、現在、未来を分けることができない世界のなかに私たちは存在しているんです。とすれば、亡くなった人の未来を救済する祈りは、現在を救済する祈りでもあり、過去を救済する祈りでもある。

田中　未来だけを祈ってしまうとうまくいかない。過去を救済し、現在を救済し、未来を救済する。その一体的なつながりに祈りを捧げる。祈りの先に過去も見えていないといけない。

宮城　亡くなった人たちへの祈りをとおして、現在生きている人たちへの祈りもでてくる。亡くなった人への祈りを失ったら、復興の意味もつかめなくなる。

内山　そういう、境目のない世界のなかに自然も存在していて、だからそうした感覚への復帰は自然信仰として出てくるような気がします。

田中　本来、自然に善悪はないんです。ところが地震や大雨、台風といった大災害が起きて人が亡くなったりすると、自然を悪のように扱う考えがでてくる。これもまた近代主義であり、人間中心主義ですよね。

宮城　自然と人間は、共にある時空のなかに存在しているのです。だから自然への祈りは人間への祈りになる。そういうことを忘れて、人間が自然をコントロールする、コントロールできるとする発想が世界を覆ってしまった。

田中　だからコントロールできなかった現実が発生すると、「想定外」などと言うようになった。自然の営みを人間が想定するということ自体間違いなんです。こういうことを考えていると、どうしても、一神教がつくりだした価値観とぶつからざるをえなくなる。

宮城　想定外というのは、人間が勝手に考えていること。人間中心主義的発想が、そういう考え方を生みだしてしまった。自然には想定内も想定外もない。

田中　想定するから、想定外のことが起きて、自然が悪にされたりする。自然は人間が想定できるようなものではないということを日本の人たちは知っていたはずなのに、そのことを、明治以降のわずか百五十年足らずの間に忘れてしまった。しかしいまでは、そのことを思い出しはじめる人たちも増えてきた。太古からの記憶がよみがえってきたのかも。たとえ大災害をとおしてであったとしても、そういうことを思いださせてくれるのも、風土の記憶がもっている力なのかもしれません。

宮城　東日本大震災は、現地の人たちに大変な痛みを与えたけれど、日本に住む人間に、自然に対する考え方がこれまでと同じでいいのかと問うた出来事でもあった。もう一度、目を開けと言っているような。

原発問題のとらえ方

田中　あきらめというと、悪い言葉のように思う人が多いと思うけれど、人間が自然をコントロールすることをあきらめるからこそ、本当の自然と人間の関係もつくれるのでしょう。いままで目的としてきたことをあきらめる。そこからあきらめたり、あきらめなかったりする必要性のない根源的な生き死にのあり方を識る。そこに、日本の悟りがある。それはインド人がとらえた悟りとはちがう。

宮城　ただし、地震や津波に対してはあきらめるからこそ祈る、祈りをとおして自然と人間の世界の無事を願うのでいいと思うけれど、地震の結果発生した原発事故という二次災害に対しては、僕はあきらめるわけにはいかないと思う。

田中　原発が招いた惨事は、許しがたいものですね。

宮城　そうです。許しがたいものの上に乗っかっている世界を、どう変えたら許せる世界になっていくのか。人間に叡智があるとするなら、そのことくらいは解決しないと。

田中　原発は割に合わないというのは、経済性の問題だけではないと、わかったと思うんですよね。自然と人間の世界の土台を破壊してしまうのだから。

宮城　ところが、割に合うと考えている人たちがいる。

田中　半減期の長い放射性物質などは、これからもずっと自然と人間の世界の土台を破壊しつづける。自然のなかに神仏を感じてきた文化にも、受け継ぎようがないような荒廃が現れてしまう。

受け継がれてきた風土の記憶さえも喪失しつづける。

宮城　自然は人間の力くらいではとうてい真似できないような働きのなかでつくられてきた。たとえば、ヒマラヤ山脈からは珊瑚や岩塩が出てくるけれど、海底にあったところが隆起してヒマラヤをつくっている。銀閣寺の裏山、大文字の入り口あたりでも、地中にあった地層が地表に現れてきている。放射性廃棄物を地面を掘って埋めようとしているけれど、地球の命があるかぎり、穴掘って埋めたっていつかは表面にでてくる。人間のだした害毒が、応報となって自然と人間に襲いかかる。どうやっても処理できないものをつくっておいて、穴を掘って隠したらいいみたいなやり方で済まそうという発想には、自然や地球に対する尊敬がまったくない。地震や津波はあきらめて受け入れ、祈りをとおして自然と人間の世界をつかみ直すということもできるけれど、原発は自然の神様がくれたものではない。

田中　あの事故があるまでは、原子力の平和利用などという言葉が、まっとうな言葉であるかのように使われていた。

宮城　そうですよね。もともと原子力の平和利用なんて、あり得ない。中嶌哲演《なかじまてつえん》（一九四二〜、福井県小浜市にある明通寺〈真言宗御室派〉住職。原発設置反対小浜市民の会事務局長などとして、原発の設置、再稼働に反対する運動をつづけている）さんというお坊さんが、福井県の小浜市で原発建設に一生をかけて反対しているけれど、彼は本当に先見の明のある、よき修行者だと思う。

田中　山伏こそ、そういう気づきが必要だった。自然の本当のすごさを識っているのは、山伏のはずなんですから。

宮城　福島原発の事故は福島の人たちに被害をもたらしただけではなく、日本中に放射性物質を振りまいた。遠いところは健康には影響ないと言うだろうけど、人間たちが何を大事にしていかなければいけないのかを忘れてしまうと、自然が壊れていくだけではなく、文化を生み出してきた風土も壊れていく。こういうふうに考えていくと、山伏としての反原発を訴えていかなければいけない。原爆や原発がいかんというのは、自然が教えてくれたこと、自然の神や自然の仏が教えてくれたことだというのが、山伏のとらえ方ですから。

詫びることを忘れた社会

内山　ところで、日本の「保守」のあり方はおかしい。保守だというのなら、日本の伝統的なものに耳を傾けて、自分たちの風土や自然を守っていかなければいけないはずなのに、そういうものを壊しつづけているのが日本の保守陣営。原発がなければ日本は国としてやっていけないとか平気で言う。

田中　日本の社会は本来、神仏を感じながら展開してきたのですが、明治以降、神仏分離政策によって身近に寄り添いつづけた神仏がいなくなってしまった。神仏が感じられなくなると、社会の基層の部分が変わる。そういう時代の人間の貧しさみたいなものを、僕は感じます。

内山　日本の保守は、所詮、明治時代がつくりだした保守に過ぎない。強い国をつくれ、国に従え、そのためにはもっと働け、金儲けをしろと言っているのが保守。共同体や風土と共に生きた自然と人間の世界などを理解する知性もない。

田中　福島の原発周辺の神様に、どう詫びたらよいのか。そのことを忘れたらいけないはずなんだけれど。

宮城　東北地方は、かつて日本でも有数の修験者が多く住んでいたところです。東北の山の神々は、多くの修験者を育ててきた。そういう場所で原発事故が起きた。我々はもっと早くから、原発は社会の基層を壊すのだということを言うべきだった。

田中　私の自坊がある京都府の綾部の近くには、原発が十五基もある。高浜原発なんか、直線距離で二十キロもない。敦賀原発も八十キロ圏内に入る。えらいところに住んでいるなと思っています。

内山　原発の町となると、原発で町が潤っている、雇用がつくられているという話が必ず出てくるんだけれど、人間は現在の自分の利益だけで何かを決めてもいいのだろうかと思いますね。過去の諒解を得る、未来の諒解を得る、それをするから現在の諒解も得られる。この地域で過去に営みをつづけてきた自然や地域の人々は原発建設を諒解しているのだろうか。この地で未来に暮らす自然や人々は諒解してくれるだろうか。そういう気持ちを神仏にゆだねれば、過去を救ってくれる仏と未来を救ってくれる仏の許しを得るということになるのでしょう。利益になるから建設してくださいでは、根本的なものが壊れている。

宮城　人間は、どうしても自分中心、現在中心の生き方に、大なり小なり陥ってしまう。それを完全に取り払えといっても、取り払えきれないのが人間なのです。完全に取り払うことができたら、すでに悟りを開いている人ということになる。だから人間は、詫びる気持ちをもたなければだめなのです。過去に詫びる。未来に詫びる。自然に詫びる。神仏に詫びる。そういう気持ちが、人間を人間たらしめる。原発の問題でも、怖いからとか、採算が合わないからとかいうところにとどまっていてはだめで、原発をつくりだしている社会のなかで生きている自分を詫びる気持ちをもって、原発に反対しないといけない。山伏は神仏に詫びながら原発に反対する。そういうものが広がっていかないと、我々の社会は現在の利益だけに居直る破滅的な社会になってしまう。多くの人が現在の利益に居直っているように。

田中　経済人も、昔の人のように、お天道様が見ているのだから恥ずかしいことはできないくらいの、自分を超えたものに対する怖れを常に抱きながらビジネスをしてほしい。

内山　かつては、自分の利益だけを考えるのは恥ずかしいことだった。

田中　経済人こそ、詫びる気持ちをもたなければいけない時代なんだと言いたい。

内山　福島の飯舘村《いいたてむら》のあたりに、地元の人たちが守ってきた花塚山（慈覚大師円仁〈七九四～八六四、第三代天台座主〉が山頂の巨石の上で修行をしたという伝説がある）という信仰の山、神様の山があるんですが、最近そこを通りかかったら入山禁止になっていた。放射能濃度が高いので危険である、と。そうか、神様にまで放射線をかけちゃったんだ、という気持ちになった。原発事故は、筑波山や日光の二荒山（男体山）、那須の権現様などにも、放射能を降らせてしまったんですね。

田中　それなのに、詫びるどころか、また次の利益を考えて原発事故とちゃんと向き合おうとしない。早く、なかったことにしようみたいな空気も、この社会のなかには感じる。

内山　神を失っている社会をつくっているだけではなく、ついに人間が神を傷つける時代がはじまった、ということなのでしょうか。

田中　いや近代はずっと神を傷つけてきたのですよ。水俣もそうだった。しかしこれほど広範囲に、物理的に自然や自然の神を傷つけたというのは前例がない。

宮城　事故の直後、「いま、ただちに、健康に影響はありません」ということを政府は言っていた。後で影響が出るのかと聞いてみたくなる、わけのわからん表現だったけれど、あの言い方を率直に受け入れたとしても、日本の自然、風土、神仏に、「いま、ただちに」影響を与えているということをどう考えているのか。「いま、ただちに」自然や風土、神仏を傷つけ、被害を与えてしまったのです。

　人間は避難することもできるけれど、自然は避難することができない。長い時間をかけて自然と人間と神仏がつくりあげてきた風土も、その風土の持続さえできなくなった。風土をつくっていた関係が崩壊してしまったのです。そういうことに心から詫びる気持ちもなく、事故処理だけを進めていこうとする。神仏への祈りを持った社会なら、事故処理しか考えないその後の過程も、あのときのあんな言葉も、絶対に生まれるはずはなかったのです。

田中　明治維新、そして昭和の戦後と、日本の神仏は敗北しつづけてきた。傷つけられつづけてきた。そういうことがいまの事態を生んでいる。でも、細々とかもしれないけれど、自然と共に生きてきた記憶、自然のなかに神仏を見出してきた記憶も残っていて、その記憶を押さえ込んできた合理主義、経済主義、効率主義、人間中心・自分中心主義的な意識に疑問が感じられるようになると、いままで意識のなかにあった蓋が壊れて、奥にあった記憶が解放されてくる。その蓋を壊してくれるのが自然でもあり、山での修行でもある。そのためにも、修験は受け継がれていかなければいけない。

宮城　受け継いでいかないと、記憶を取り戻す方法が消えてしまう。何に対しても、継続させていかなければいけないのです。聖護院でも署名簿をおいて、原発をなくすための署名を継続している。金峯山寺で、追悼の鐘をつきつづけているように。

田中　私たちの社会は祈りをとおしていろいろなことに気づいてきたのですが、その気づきが行動を生む。祈りは行動になっていかなければ。山伏としてできるところから行動するのが私たちの役目なのです。

第八章　悟りとは何か

本質としてのつながり

内山　キリスト教だと、神は確かにいるということを証明しようとしますよね。確かにいるのだから信じなさい、と。ところが日本の神は本当にいるのかどうかを証明しようとしない。僕が暮らしている群馬県の上野村で一番多く祀られている神といえば山の神です。山の神信仰は、いまでも村の暮らしのなかに残っている。ところが山の神に出会った人は誰もいない。もしも「山の神は本当にいるんですか」と問いただしたら、村の人はみんな困ってしまう。確かにいると証明できるものは何もないのですから。でも、山の神信仰は健在なのです。同じことが水神にも言えるし、すべての村の神様に言える。日本の神様は、いるから信じているのではなく、信じているからいるのです。

僕はここに、「存在する」ということに対する日本的な考え方があると思っています。西洋思想のように、確かにいるから存在するのではなく、関係、つながりが存在を生み出すという発想が日本の伝統思想にはある。たとえば夫や妻がなぜ存在するのかといえば、夫婦という関係が、夫や妻を存在させている。自然がなぜ存在するのかといえば、自然と人間の関係が、その関係のなかに現れてきた自然を存在させている。だから自然もまた一様ではない。近代的な関係をとおして現れてくる自然もあれば、農民的な関係から現れてくる自然も、山伏的な関係から現れてくる自然もある。つまり、あらかじめ自然という何らかの実体があるわけではなく、その関係をとおして生み出されていく実体がつくりだされている、ということなのです。つまり本質は関係の方にあって、その関係がさまざまな姿かたちをつくりだすということです。だから姿かたちは「現れ」に過ぎないわけで、こういう発想を持っているから、「五蘊皆空《ごうんかいくう》」――仏教では、人間には五つの認識作用があるとされる。だがその認識は意識がおこなっているものに過ぎず、その意識も認識されたものも本質は空であるとされる――という、現れてきているものはすべて空だという大乗仏教の思想も受け入れやすいものとしてあったのではないでしょうか。ですから神仏に対しても、神や仏があらかじめいるかどうかが問題ではなく、神や仏とつながりをもっているから、神や仏は私たちの世界に存在しているというとらえ方になる。

たとえば心は確かにある。感じ取ることもできる。ところが心の実体はわからない。ただし心は関係のなかで姿かたちを現わすことはできる。ある関係のなかでは悲しさという姿かたちを現わしたり、また別の関係のなかでは楽しさという姿かたちを現わしたり。そういう現れてきたものをとおしてとらえることはできるのだけれど、でも、心の本質は何かと問われてもわからない。

わからないものに本質がある。にもかかわらず、その本質は関係をとおして実体をつくる。とすると、関係、つながりこそが本質だということもできる。

　こういう発想と密教、大乗仏教的な考え方は結びやすかったのではないか。本質は語れない、わからないところにある。しかしその本質を識る方法はある。行をとおして、ということでもあるし、仏の世界に降りていってということでも、仏と一体になることによって、でもある。その仏の世界は清らかな結び合いの世界でもあり、それと同じものを人間たちは心の奥底にもっている。だからそれを解放すれば、人間は仏と同じ者になることもできる。日本列島に暮らした人たちは、この清らかな関係の世界を自然のなかに見ていたのだと思うのです。だから自然に神を見出した。仏教が入ってくると、自然に仏を感じ取るようにもなった。それは見出さなければ存在しないものであり、関係をもたなければ見出すことのできないものだった。ですからその関係のつくり方として、祈りがあったのだと思うのです。

田中　よく日本人は和を大事にすると言われます。聖徳太子の「和を以て貴しとなす」というあの和ですね。じつはその和を大事にするとは、つながりを大事にするということなんですね。日本には自然の恩恵がたくさんある。四季も豊かで、しかし一方でその自然は大災害ももたらす。そういう自然とうまくつながろうとして生きてきたのが、日本列島に住んできた人たちだったと思う。人間同士のつながり、自然とのつながりを大事にしながら生きてきた。そういうつながりを大事にする思想が、密教を受け入れていく過程でも役に立ったのでしょう。密教は仏様と直接つながる方法を教えてくれる信仰なのですから。日本列島に暮らした人々が、なによりもつながりを大切にする生き方をしていたとするなら、本質はつながりのなかにあるという考え方が、なぜ日本に定着したのかもわかりやすくなってくる。

宮城　修験道は、つながりを大事にしてきた信仰でもある。山伏法度《やまぶしはっと》（山伏の決まり、禁制）に「靡八丁《なびきはっちょう》　斧不入《おのいれず》」という言葉があります。「靡き道」といわれる尾根から左右約八百メートルの大地のなかに、すべてがつながりあう世界を見てきたのです。そのつながりを切ってはいけないから「斧不入」なのです。そのなかには一本の道があって、その道がつながりをつくっている。さらにそこには大木も灌木も、針葉樹も広葉樹もあれば、素晴らしい木も枯れ木も、草もコケもある。大きなミミズもいるし、そのミミズを食う動物もいるし、カエルもいる。その道を歩いていると、こうしたつながりがこの森を育てているのだということが自然に感じられてくる。とともに、自然のつながりのなかにいま自分もいて、そのつながっている世界と一緒に歩いている、一緒に生きているということが気持ちのなかにすっと降りてくる。修験道の行は、つながりのなかに帰っていく行でもあるのです。

　華厳の教えに「一即一切《いっそくいっさい》　一切即一《いっさいそくいち》」（ひとつはすべてであり、すべてはひとつである。すべては結び合っているのだから、最小の単位のなかにすべてがある）という言葉がありますが、すべてはつながっていて、ひとつの世界をつくりあげているのです。日本の人たちは、こういう考えを受け入れやすかった。だから修験道もつづいてきた。そうだとするなら、いっぺんばらばらな個人になった日本人たちが、もう一度つながりに本質を感じる世界に帰ってくることもあるし、修験の世界に帰ってくることもあるはずだと思っているのです。

仏教と悟り

内山　禅宗だと、座禅を組んで自我が消滅していったときに、悟りが開けると教えるでしょう。煩悩が消えるということは、自己が消滅するということ。しかし自我が消滅しても生きているわけで、では消滅した後はどこで生きているのかといえば、自分の本質的な世界、関係やつながりだけが存在している世界でしょう。その世界に降りていくことができれば、悟りも現れてくるのでしょうけれど。

田中　僕は禅宗の悟りは逆で、すべての縁を絶ち切ることに悟りの本質があるといっているように思いますが。

宮城　悟りが得られれば解脱することができるわけですが、解脱とはすべての縁を切ることなのではないでしょうか。

田中　解脱は輪廻というつながりを断絶することでしょう。すべての縁を切ってしまうことが禅における悟りではないかと思っていたのですが、そうじゃないんですか。

内山　僕は仏教学者じゃないので、あまり突っ込まれると困ってしまうのですが、縁というものを西洋的な発想で解釈すれば、自己があって縁がつくられるということになるのです。はじめにあるのは、自己という実体です。しかし日本の思想は逆な気がする。縁が自分をつくっている。人間は誰でも、まず自分があって、その自分が縁をつくっていると感じる。ところがそうじゃなかったということに気づく。縁が自分をつくっていたのだと。この転換が仏教的時空にはあったのではないでしょうか。といっても昔は小乗仏教と言われた上座部系の仏教になると、自己からはじまって、自己が修行して、輪廻を断ち切っていくということになるのですが、大乗仏教は、自分が悟りを開くことによってすべてを解放することを目指してきた。なぜ自分の悟りがすべての解放につながるのかといえば、自我が消滅したときに顕れてくる「自己」は、すべてがつながりあっている無限時空に存在している「自己」だからでしょう。「自己」は個体ではなく、つながりあう世界そのものになっている。だからすべての解放につながる。大乗仏教はそういう思想を内在させていると僕は思っている。

田中　つながりという本質に帰っていくのが悟りですか。

内山　最近では禅宗のお坊さんでも、「つまらない縁に悩まされて苦しんだりくよくよしたりするのだから、その縁を絶ち切りなさい」みたいなことを言う人もいるのですが、わかりやすい言い方ですね。しかし仏教がこういう方向にいってしまうと、それは大乗仏教ではなくなり、上座部仏教になっていってしまうという気がするのです、自分のための仏教に。

実は僕の家は、もともとは三重県の桑名にあって、浄土真宗の檀家だったようなのです。ところがおじいさんが永平寺に上り、曹洞宗、禅宗の僧侶になってしまった。名古屋郊外のお寺の住職をしていたのですが、父が映画の製作の方にいってしまって跡をとらなかったので、父の弟が住職になった。でもそのおじさんの子供がまた誰も跡をとらなかったので、いまは別の住職が入られています。そういう家なのですが、僕自身は全くお寺とは縁のない育ち方をしました。父も家で仏教の話をすることも、お経をあげることもなかった。おじいさんは僕が小さいときに亡くなったので、彼の記憶もほとんどないのですが、こういう話は聞かされていた。おじいさんは少しだけ畑をつくっていたのです。それなりに檀家のいる寺ですから、つくらなくても経営的には問題ないはずなんですが、畑をつくるのが一番の修行だと言っていた。自分はどういうつながりのなかで生きているのかを識れるからだと。本山とのつながりや檀家さんとのつながりはもちろんあるのですが、それだけではない。畑をつくっていると、先ほどの宮城さんのお話ではないですけれど「靡八丁」の世界が感じられてくる。いろいろなものがつながりあって作物を育てている。自分の力などたいしたものではない。つながり合う世界が、自分に命を与えてくれている。そういうことを感じ取ることができるのだ、と。座禅よりも畑の方が修行になるとよく言っていたらしい。そのおじいさんは、亡くなる前日の夜に、家族に「ついに悟りは開けなかった」と言って、翌朝起こしにいくと布団の上で座禅を組んで亡くなっていた。

田中　すごいですね。

宮城　なるほど。しかし、悟りが開けなかったと言って死ぬことができるということは、それもひとつの悟りかもしれませんね。

内山　しかし、悟りを開きたいと思うのも煩悩ですからね。悟りなんかどうでもよかった、とならないと。もっとも真言密教なら、そういう煩悩をもっているからこそ悟りが開けるのだ、と教えるかもしれませんが。

宮城　修験道でも、修行したら悟りの世界には入れるのではないか、悟るために修行をしたい、修験者になったら悟れるのではないか、そういう短絡的な期待をもって修験道の扉をたたく人がいるんですが、金峯山寺にもそういう人、こられますか？　山伏修行をすると即効的な果報があると期待してくる人が。

田中　そういう人がきたら、永平寺に行きなさい、と言うようにしていたんですが（笑）。

宮城　なるほど。それもひとつの応え方ですね。修験は果報を期待して修行するのではない。結果的にはいろいろなことに気づかさせてくれるけれど、だからといってそれを期待して山に入るわけでもない。山に入りたいということだけなのです。昔から修験者が歩きつづけてきた道を歩きたい。その一人になっていきたい。

田中　前にも言いましたが、僕は宮城さんのような根っからの山好きではないから、山伏修行をするときも、半分は嫌々行っているんですよ。山伏修行はつらいですからね。そんな感じで山に入ると、最初の二時間くらいは我慢しながら歩いている。ところが八時間を超えると、もうすべてをあきらめるしかない。奥駈のときは一日に十二時間以上歩きますからね。歩かなければ着かない。考えることもあきらめて、すべてのことをあきらめている。あきらめ尽くして歩いている状態を、一年に何回か経験する。山の修行のすごさはそこにある。何でこんなことしているのだろうかと思っている間はつらいのですが、あきらめる以外なくなってくると苦痛もとれてくる。

いろんなことをあきらめられないのが私たち、仏教がいうところの凡夫《ぼんぷ》なのでしょうけれど、だから凡夫にはいろいろな苦痛が襲ってくる。あきらめるというのは、漢字で書くと「諦める」と書きますよね。ものの本質を見極めることがあきらめる、つまり諦《あき》らかに見るということなんですが、もしも悟りというものがあるとすれば、それはあきらめることから生じてくる。「諦」という字は真理という意味です。つまり、諦めるということは真理を識るということでもあるのです。

内山　先ほど言ったように、僕の家は、一応、曹洞宗の檀家ですから、法事などがあると必ず読むもののひとつに『修証義《しゅしょうぎ》』があります。道元の『正法眼蔵』のエッセンスを短くまとめたものなのですが、冒頭に「生をあきらめ、死をあきらむるは、仏家の一大事なり」みたいな文章が出てくるのです。子供の頃、耳で聞いていたときは「これは大変だ」と思った。「生きることをあきらめ、死ぬことをあきらめる。それが仏門に帰依する人間にとっては一番大事なことだ」という意味だと思ったので、こりゃできそうにないと。ところがしばらくすると、この「あきらめ」は明らかにするということだとわかった。これも大変そうであることに変わりはないのですが、あきらめるよりはまだ可能性があるかなという気がしたものです。ですが、もっと時間がたってくると、日本語の「明らかにする」は「あきらめる」と一対になっているということがわかってきた。あきらめるから明らかになる。生とは何か、死とは何かということを追求するのをあきらめる。まさに生きることをあきらめ、死ぬことをあきらめる。そのとき、生死は明らかになる、あきらめるには、積極的な意味があるのですね。

悟りと菩薩行

宮城　あきらめたとき、あるがままにそれを受け取れるようになる、ということでしょう。山に入って歩きはじめても、初めは、しまった、何でこんなことを望んでしまったのかな、と思うことがあります。

そのように、大峯の奥駈は、結構つらいんです。歩くスピードも速いし、一日分を歩ききらなければ泊まるところには着かない。そういうプレッシャーを感じながら歩くからつらいんです。それなのにまた歩いてみたくなる。なぜそういう気持ちになるのかは理屈で考えてもわからない。大峯の山々、大峯の自然がそう教えてくれている、大峯の神仏がそう教えてくれる、歩き続けた行者たちの記憶がそう教えてくれる。もしも言葉にするなら、そんなふうにしか言いようがない。

内山　悟りも、悟りなんてどうでもいいというところからしかはじまらない。悟りたいという自己をもっているかぎり、その自己に振り回される。

宮城　そういう思いで修験に入ってきたら、だめなんです。

田中　山に入るときは朝早かったりしますけれど、金峯山寺の普段の生活は永平寺などと比べると、はるかに俗的なところがある。厳格な規律もあまりないし、俗的なことをぜんぶ遮断して学僧生活をおくったりするわけでもない。山の上ですから、都会からすると清浄な世界に見えるかもしれませんが、金峯山寺周辺は観光地でもあり、俗化している世界だとも言える。ですから、金峯山寺にあるのは永平寺的な悟りではない。ただし金峯山寺から見える景色には、山々が導いてくれる、神仏が導き、歩きつづけた行者たちが導いてくれる世界がある。

宮城　「どうしたら悟れるんでしょうか」という質問を受けることがあるけれど、そう考えているかぎり、悟りには近づけない。悟りを求めるかぎり、苦しみがつづくだけだと僕は思う。

田中　修験とは験を修めるということですから、修行によって普通の人にはない大きな力をもつ、神仏の力とか、霊能力とかを得ていくということでもあるのです。だから、それを求めて修験にくる人もいる。確かに修験にはそういう部分もあるのですが、ただそれが核心かと言ったらそうではない。それは方便門《ほうべんもん》（真理に導く道）での所作なのです。核心は真実門（真理そのもの）の方にある。とすると真実門とは何ですかということになりますが、それはやはり、悟りと結ばれているのですね。明治の神仏分離以降は関東では特に神社修験が主流をしめている感じもありますが、修験はもともとは民衆仏教として展開してきたのですから。

悟りを求めてくる人に対しては、修験はそういうものではないと言うのですが、修行を重ね、僧侶の資格をえて修験の行者として生きていくことを決意した人たちに対しては、悟りを目指すことの大事さを伝えたりもするのです。発心があってこそ修行は完成する。悟りを目指すという発心も大事なのだ、と。ただし悟りを開くための行は、菩薩行（利他行、自分のためにではなく、あらゆる他者のためにする行、菩薩のまなざしをもっておこなう行）でなければならない。大乗仏教はそうであったはずです。

宮城　そうそう、そこです。

田中　悟りにいたる方法論は、菩薩行しかないと思うのです。

宮城　そうです。

田中　菩薩行とは「上求菩提《じょうぐぼだい》　下化衆生《げけしゅじょう》」というんですが、「上求菩提」は自分が悟りを開くことであり、「下化衆生」は人々を救うことです。いまの感覚で解釈すると、まず自分が悟りを開き、次に悟りを開いた自分が人々を救うというように読めるかもしれませんが、そうではない。「上求菩提」と「下化衆生」は一緒でなければいけない。「即」の関係でなければいけないのです。「上求菩提」が「下化衆生」になり、「下化衆生」が「上求菩提」になる。悟りは共にある世界のなかにあるのであって、自分が悟ってから救うのであるのなら、一生かかってもそんなことはできない。

宮城　「下化衆生」ができないのなら、「上求菩提」も意味がない。菩薩行はそこにある。

田中　菩薩行の一環として、山の修行もあるのですが、自分の思いだの、考え方だのといったすべてをあきらめきったとき感じられる世界のなかに、菩薩行が生じている。修験の山での修行は、そういうものをもっている。

宮城　そうですね。我々の修験は、奥で仏教の智慧が支えている。菩薩行には難しいことは何もない。山で必死に修行をしていると、自然に「上求菩提」の気持ちが出てくる。自然に「下化衆生」の気持ちが出てくる。求めるのではなく、自然に出てくる。自然に、意図せずに人々を救っていく行いのなかに、悟りが生じていく世界がある。ですから、思いや意図をもった自分を捨てていくことが大事で、それも自分の意図で捨てようとするのではなく、気がついたら捨てさせてもらっていた。そのありがたさに神仏の働きを感じた。

田中　自分と他人を分けて、「自分が」と言っているかぎり菩薩行はないのです。菩薩行の本質は、自分と他人を分けない、すべてがつながっている世界に帰っていくということなのです。自分が捨て去られている、消えているということは、自分と他人の区別がなくなるということです し、自然と人間の区別も消えるということ。すべてがつながりあってひとつの世界をつくっているのに、自分を意識するからそれがわからなくなってしまった。修験の修行は、自分はつながり合う世界のなかに存在しているだけなのだということを、自然に感じさせてくれる。

記憶のなかでの旅立ち

内山　ところで、お二人にとって、死とは何でしょう？

田中　子どもの頃は怖かったですね。死を思うと、僕が宇宙のどこかから地球を見ているイメージがいつも浮かんできた。地球はずっと生きつづけているのに、僕だけそこから疎外されているみたいなイメージがあったんですが、最近では死を考えてもそういう映像は湧いてこない。格好良く言えば、死は終わりではないという感覚が少しずつ僕のなかで生まれているようです。

去年（二〇一〇年）、母が亡くなったんですけれど、お医者さんに「もうあと一週間です」と言われてから九カ月も生きていました。病院で少し元気になって、車椅子で食堂に行けるくらいになったんですが、もともと腎臓と肝臓と心臓が弱っていたんで、結局亡くなった。僕は月に八日くらいしか自坊に帰ることがなかったので、九カ月の間ずっと付き添うことはできなかったけれど、家に帰ると必ず病院に行っていた。それで介護とか病院とかのいろいろな問題にも直面した。母が弱っていったとき、実は母が「もうええ」と言ったんですよ。それまでは「吉野に行きたい」とずっと言っていたのに、そういうことにも執着がなくなって、「もういい」って。少し元気を取り戻すと「あれが食べたい」くらいのことは言うんですが、それでもやはり「もういい」と言うんです。

僕もせっかくお坊さんになったのですから、そんな母だからこそ死ぬ前にどこかで言うておいてやらんといかんなと思っていたことがあって、亡くなる前日に話をしたんです。「もう寺のことも家のことも心配せんでええ。死んだ先のこともご本尊に任せたらいいから心配するな。もう全部いいからね」と。そういうことを言いきかせ過ぎてしまったのか、その翌朝に亡くなってしまったんです。僕はそうは言ってもまだ大丈夫だと思っていたので、翌日は朝四時に起きて吉野に向かったのですが、吉野に着いたとたんに電話がかかってきた。死に目には会えませんでした。

死んだ先のことは、蔵王権現に任せたらええとか、阿弥陀さんに任せたらええとか、そういう扱いでいいような気がしますね。死後どうなっていくのかは、誰にもわからない。ですから、お任せする。金峯山寺のご本尊の蔵王権現は三世にわたって救済なさってくれるから、未来もお任せすればいい。蔵王権現でなくても、阿弥陀如来でも、自然でもいい。お任せして死んでいくみたいな、そういう死の迎え方であってほしいと思う。

宮城　死というのは、ひとつの旅立ちだと思う。それぞれの旅立った先のことは、僕にもわからない。ただ、旅立ちのときに何を考えるのか。死んでいくときに何を思って死んでいくのかということが、一番大事だと思うんです。病気になってもう先がないとはっきりわかっている人が会いたいと言ってきて、会いに行ったことがある。もう長くないということを双方が悟っていて会話をしていると、「どういうふうに死んだらええのやろう」と相談された。死んでからのことではなしに、死に方が気になっている。「先生、どうなりますのやろな」と聞かれ、僕は「いままで自分がしてきたことを思い出すとええ」と応えた。いままで自分がしてきた仕事、自分が行じてきたこと、信仰のこと、嫁さんのことでも、友達のことでも何でもええ。いろんなこと思い出して、生きるのが後何日か知らんけれども、その貴重な時間の間に回顧しろよと。そうすると、いいこと、楽しかったことがたくさん出てくるはずや、と。その思い出を持って死後の世界へ行くんやということを、僕はいつも言う。

宗教者としては、聖護院のご本尊のお不動さん（不動明王）に任せよとか言わないといけないのかもしれないけれども、その人の生きてきたなかでのことを思いながら死んでいく方が、私は救いになるような気がする。具体性のあることを思いながら旅立っていくっていうのが、次の扉を開けることになるのと違うかなって思うんでね。

田中　僕はそんな立派な生き方はしていないから、思いだしていたら後悔ばっかり出てきてしまいそうです（笑）。

宮城　それでええと思う。後悔がでてきてもええし、飲んだときの失敗がでてきてもええ。普通の旅立ちでも、思い出に包まれて旅立つ方がええ。つながっているのですから。

光に包まれた

田中　僕が死を怖くなくなったのは、やはり奥駈のときにきっかけがあったのです。奥駈での峰中勤行で拝んでいたときに、光に包まれていくイメージがあったんですよ。上から降りてくる光に。山で勤行しているときには、けっこう多くの人が同じような経験をしているのではないかと思うんですが、何か非常に明るい光に包まれる感じをもつときがあるんですね。そのとき僕は、「あっ、死ぬときっていうのは、こういうものなんやな」と感じた。死ぬときは、光に包まれるようにして死にたいとも。そういう死が迎えられるようにするためには、いまの自分は何をしなければいけないのか。いっぱい宿題があるような気はするんですが。

大峯の奥駈でくたくたになって拝んでいて、なんかしらんけれど光がワーッと包んでくれている。そういうなかにいると、死ぬときはこういうふうに死にたいなという気持ちになってきて、それを言葉にすると、蔵王権現にお任せする、不動明王にお任せする、阿弥陀如来にお任せする、そういう言葉になっていくのです。そういうものを教えてくれたのも、奥駈の行なのです。それからは、光に包まれて死ねるように生きなければいけない、と思うようになった。もっともいま死んだら、光やなくて、灰色の煙か何かにつかまりそうな気がしますが（笑）。

宮城　ようこそ、光明遍照十方世界《こうみょうへんじょうじっぽうせかい》（阿弥陀如来がつくりだす、隅々まで清浄なる光が届いている世界）やな。

内山　光のなかは心地よさそうですね。

田中　そうです。

宮城　それは気持ちいいやろね。

わし、死んでましてん

宮城　こんなこともありました。死にかけて生き返った人がおるんです。聖護院に出入りしていた、ある植木屋さんは、ものすごく信心熱心な人で、植木の手入れも、「この人は、ほんとに生き物をかわいがってるな」という丁寧な仕事をしていました。ところが高齢になり、病気になってしまった。この人は、行者講の講長でした。その人の属する講の人から「もうあきませんわ、うちの講長は」という連絡があった。意識もなくなっている、だからせめて生きているうちに山伏としての最高の位をやってくださいとたのまれた。

最高の位というのは峯中出世大先達《ぶちゆうしゆつせだいせんだつ》というもので、赤い梵天の付いたお袈裟がいただけるんです。最近ではその位を出すことも増えたけれど、昔はなかなか出さなかった。それで峯中出世大先達の辞令をつくって、本人が生きているうちにもって行ってやろうと思った。講長の枕元に行って「もろうたで」と言っても、もうほとんど意識がないさかいに、「うーん」というふうな反応だった。ところがそういう状況が二日ほどつづいてだんだんと快方に向かっていった。それでまた、なんと四、五年生きたんですよ。再び聖護院にきて、植木の手入れをしているんです。そしてその人が言うには、「わし、死んでました時な、いつのまにか鈴懸つけて歩いてました。そしてふっと見たら、自分で立派なお袈裟かけてましてん」と。つまり赤い梵天のお袈裟です。「あっ、これもろた以上はまだ死ねんと思うて、夢の中で死んだらあかんと頑張りました」と。「辞令をもろうたのを、読んでもろうたのを覚えているのか」と聞いたら、「そんなん知りまへん」と。「ああわし、長生きしてよかった」と言ってね。夢幻のなかで、峯中出世大先達をもらったことが、その人の頭の中のどこかに入ってその夢をみたのか、何かわからん。本人はそんな意識なしに、出世の袈裟かけて歩いている夢をみて、これはまだ頑張らないかんと思ったというあたりが、実に山伏としてユニークやった。後に、亡くなったときに、その袈裟かけて逝きましたけどね。

田中　母が死んだときは、私は、ああ光に包まれて逝ったんだろうな、という感じがしましたね。

宮城　ほう。

田中　それが私の死へのイメージなんでしょうけれど。

宮城　僕がいい思い出に包まれて逝くようにというのは、僕にもそんなふうに死にたいという思いがあるからなわけや。あれもやりたかった、これもやりたかった、やり残した仕事がいっぱいあるというようなことを考えていたら、それこそ死ぬにも死ねん。普段からええ思い出をようけこしらえておいて、死を迎える。

田中　よい思い出を思い出すということですね。

宮城　うん。

田中　悪い恨みごとを思い出すと、死んでられへん。

宮城　恨みを持って死んだらあかんですから。

第九章　行足あって智目を知る

最古の信仰、現代の信仰

宮城　僕はインドによく行く。釈尊の跡を歩く。釈尊の跡を歩いていると、仏教というものを肌身で感じることができる。そこから仏教の教えも感じられてくる。歩くことをとおして信仰を感じとっていく。このあり方は修験なのです。修験は役行者の世界を歩く。このあり方は、自然神を畏怖する古代日本の信仰形態だと思う。自然のなかにある神々を身体で感じとっていく信仰として、昔から受け継がれてきた。智目行足《ちもくぎょうそく》という言葉を使えば、智目（智慧）があって行足（実践）ではなく、行足があって智目なのです。この行足とは何かといえば歩くことにつきる。

田中　自然信仰は自然の力、偉大さを身体で感じとっていくことと一体のものだった。そういう信仰のあり方は世界各地にあったのですが、それらは近代主義によって淘汰され、消されていった。ところが修験はそれを残してきたのです。

大乗仏教も真理を身体でつかみ取っていくことを基盤にしていた。教義の奥に、教義の学習ではつかめない世界をもち、そこにこそ本質を見出していた。修験へと受け継がれていく日本の信仰のかたちを、大乗仏教は取り込むことによって、近代主義に淘汰されずに日本的な大乗仏教として生き残ってきたともいえる。こう考えていくと、修験へと受け継がれていく日本的な信仰のかたち、その信仰のかたちを生みだした日本的な風土が、日本の大乗仏教を支えてきたのだから、日本仏教の代表としての修験の歴史もあるのだと考えてもいいような気がする。

宮城　僕は日本仏教の代表というより、日本の宗教の代表という見方をしています。

内山　仏教は伝播した先々で、そこの風土と融合しながら、受け入れられた仏教として展開していく性格をもっているように思う。だから世界的な総本山がないし、経典も多様で、そのなかの何を重視するかも、それぞれの自由として定着していった。仏教は、その地で土着仏教化するという展開を許してきたのだという気がします。そうなる原因は、仏教が権力性をもっていなかった、つまり仏教は宗教権力として成立する基盤をもっていないというところにあったのだと思うのですが、だとすれば、日本の大乗仏教は日本の大乗仏教でいいわけで、修験道はそのかたちを顕していると言ってもかまわない気がします。

仏教に共通するものがあるとすれば、現代的な言葉を使えば「自己否定」というところでしょう。自己に執着するから苦しむし、他人や自然に対しても不幸を与えてしまう。自己への執着を捨てる、自分はどうでもいい存在として生きていることに気づき、そのような存在のあり方を楽しむ。そういう「自己否定」を入り口と終点にもっている。その内容をどう具体的に展開させていくのかというところに行があり、その行のかたちに諒解を与えていったのが風土だと考えれば、仏教は風土とともに成立する。単なる教義の伝播ではない。

宮城　太古から受け継がれてきた信仰を生み出した風土と結ばれて、日本の大乗仏教は成立するということならそうなのでしょうが、一般的には中国から伝播したものを日本で深化、展開させたのが日本の仏教だととらえる。そういうとらえ方をすると、仏教が伝播する以前からの信仰を根幹にもちながら、仏教をも吸収していったのが修験道だということを強調したくなるのです。

田中　仏教的な言説として日本では広く使われている「山川草木《さんせんそうもく》　悉皆成仏《しっかいじょうぶつ》（すべての生き物も、生き物たちの土台をつくりだしている土や水、石、岩などの無機物も、みな成仏することができる。この世に存在しているものはすべて成仏する）」などは、インドで発生した仏教にはない。お釈迦さんが聞いたら、びっくりするでしょう。

宮城　そうですね。

田中　日本では石や枯れ木まで成仏するんですから。それはたぶん、仏教以前からあった信仰が受け継がれてきたということですよね。自然を同心円的にとらえる意識、そこに神を感じてきた意識と仏教、仏に対する意識が結び合って、日本の仏教が根付いていった。日本の風土で暮らした人々のさまざまな願いに応えていく。そういうところに仏教が入っていったから定着したし、それは「日本の仏教」になっていった。お坊さんたちの現住所は何とか宗であっても、実際には庶民とともに生きる仏教として展開したはずです。とすると、もっとも広く太古からの庶民がつくる時空とともにあったのは修験ですから、修験道のあり方に、日本仏教の純粋なかたちをみてもいいはずだと、僕はずっと思っている。

宮城　ところが江戸幕府が寺檀制度、寺請制度をつくって修験をその外におき、さらに明治以降の政策で、修験道はすっかり仏教の蚊帳の外に置かれてしまった。そういう歴史も問い直していかないと、日本の風土と仏教の関係も分からなくなってしまう。

自力門、他力門

内山　昭和に入った頃からの日本では、特には仏教的なことを意識していなかった人が「何か読んでみよう」という気持ちになったとき、親鸞の弟子だった唯円《ゆいえん》の書いた『歎異抄《たんにしよう》』がよく読まれてきましたね。そういうこともあって、法然、親鸞、一遍たちの他力思想は人気がある。親鸞とか絶対他力を表題にした本は毎年けっこう出版されている。僕は自力、他力という分け方も、再検討する必要があると思っているのですが。ところで、富山の立山信仰は修験道ですが阿弥陀信仰をもっていますよね。

宮城　そうですね。立山には弥陀《みだ》ヶ原《はら》というところがあって、もともとは神様の池、御田《おんた》があり、それが「みた」に変わっていって弥陀ヶ原になっていく。この過程で阿弥陀信仰が定着していったのでしょう。

田中　庶民の信仰はそういうものをもっているのです。大峯信仰でも金峯山寺の手前に発心門と呼ぶ銅《かね》の鳥居があるのですが、その鳥居には「吉野なる　銅の鳥居に　手をかけて　弥陀の浄土

に　入るぞうれしき」という秘歌がある。ここから先は阿弥陀の浄土だと言っているのです。ところが金峯山は兜《と》率浄土《そつじょうど》（兜率天がつくっている浄土。もともとの仏教では阿弥陀がつくる浄土だけではなく、それぞれの仏が自分のいる浄土をつくっていた）だと、前から伝えられていた。大峯には釈迦ヶ岳があるし、熊野にまで行けば観音浄土もあるし。庶民の願いに応えて行くと、聖地、霊山はいかようにもみえてくるのでしょう。

宮城　大峯にも弥陀はでてきますね。

田中　阿弥陀ヶ森もある。

宮城　大峯修行をするとき、もともとは熊野から歩きはじめて吉野にでてくる「順峰」が道筋だった。ですから熊野信仰が吉野に向かわせるかたちで、ゆえに行き着く先は阿弥陀様の世界、弥陀浄土だという信仰が生まれていったのではないかと思っている。ところが鎌倉以降はちがってくる。

田中　吉野から熊野に行く「逆峰」が大峯修行の標準になっていく。

宮城　そういうこともあって、発心門から先は弥陀の浄土みたいなことになっていくのでしょうが、自力門であるはずの修験が他力門であるはずの阿弥陀信仰を吸収している。

田中　ともかく修験の山にはよく弥陀の浄土が出てきますよね。

宮城　そうなのです。

内山　僕は修験は本当に自力門なのかなと、実は思っている。確かに自力で修行をするのは間違いない。自分の意志で山に行くのですから。しかしそこで気づくのは、自力で修行をしていると思ったら、自然の力に……。

宮城　助けられている。

内山　さらには、自然の力、神仏の力に誘われて山を歩いている自分に気がつく。自力で始めて自力で下山してくるだけなら登山と変わらないのですが、歩いているうちに自分を誘い、自分を修行させてくれている絶対他力の世界があることに気づく。それに気づくから、自我に固執するのは虚構だということに気づき、自然、神仏にすべてを投げ出す。そういう転換があってこその修験だし、日本の自然信仰ではないかと思っている。

田中　私もそう思う。

宮城　自力の極まりは他力であった、といいますからね。

田中　他力ありきではなく、自力からはじまって他力にいたる。山伏の教義でいくと、始覚《しかく》（自分の努力で修行をし、悟りを得ていくという考え方）と本覚《ほんがく》（すべてのものには仏性があり悟りを開くことができる、自然はすでに悟りを開いているという考え方）の違いになるのですが、凡夫たる身の人間が修行をはじめると始覚山伏ということになる。自力の行者として修行をはじめるということです。それに対して本覚はすでに悟りを開いている、もともと悟っているということで、人々は自然にもともと悟っている世界を感じていた。だから自然は神仏でもあるのです。

修行をつづけて自然的人間になっていくというのは、始覚山伏から本覚山伏になっていくということで、自然にすべてをゆだねていく、神仏にすべてをゆだねていく、つまり他力のもとで山伏になっていくということなのです。こういうとらえ方がはっきりしていくのは鎌倉以降だと思います。ただしそういう感覚は、前から日本の自然信仰のなかにあったのかもしれない。自然は人間たちを救済してくれる悟りの世界としてあるのだというような感覚があって、そこに向かって自力で努力、修行をするけれど、それをとおして自然にすべてをゆだねていくという他力のあり方を識る。太古の昔から日本では、そういうとらえ方が生まれやすかったのかもしれない。だから自然のなかに阿弥陀浄土をもみた。西方十万億土（はるか十万億土先の西方に阿弥陀如来のいる極楽浄土があるという考え）の先に阿弥陀の浄土があるのではなく、自然のなかに阿弥陀の世界、悟りの世界を見ていた。

宮城　山々の重なりのなかに、浄土が見えていた。

田中　浄土系の思想は自力聖道門（自力修行をへて悟りにいたる道）と他力浄土門（阿弥陀如来にすがって極楽浄土にいく道）を分けて、他力浄土門こそがすべての人々を救う、という言い方をしますが、この分け方でいくのなら、修験は自力聖道門であることは間違いない。ただしその背後には、他力の世界が聳えている。そういうことですから、浄土真宗的な絶対他力とは違う。

宮城　違いますね。自力聖道門で努力する、努力の限りを尽くす。そのとき人間の限界を識る。修験の他力はそこから出てくる。自然にこそ悟りの世界、神仏の世界があることに気づき、最後にそこにすべてをゆだねる境地がでてくる。だからその自然、神仏、真実の世界に阿弥陀浄土を見出したりもする。本当は阿弥陀浄土でなくてもいいわけで、他の仏がつくる浄土、たとえば薬師瑠璃光浄土でもいいはずなのですが、鎌倉以降になると阿弥陀信仰が広がりをみせていきますから阿弥陀浄土となったのでしょう。

内山　法然、親鸞の時代にも、念仏を唱えるのは自力ではないのかという議論はあったのですね。自力をとおして他力にいたるということですが、浄土門でもそういうことを言う人はいた。それについては、念仏を唱えたくなるのも阿弥陀の働きだから絶対他力だということになったのですが、そう言うのだったら、修験が入り口にもっている自力行も、よくよく気がついてみれば自然に誘われ、自然の働きで山に入っていたというふうに考えることもできる。僕は自力と他力を機械的に分けすぎているような気がしてならない。

田中　法然でも親鸞でも、さんざん自力聖道門の修行をされて、その末に絶対他力の心境にいき着いたのですよ。最初から絶対他力でいくというのは、かなり難しいことでしょう。絶対他力の世界を感じとってこそ、それは成立するわけで、最初に絶対他力しかないと信じたとしても、この信じるということもまた自力で信じているのが最初のはずですから。それが阿弥陀の働きだったと感じられるようになるのはその先です。

宮城　たとえば私たちからみれば、南無阿弥陀仏の百万遍念仏は行とみえます。阿弥陀さまは摂取不捨の心で迎えに来てくださる。極楽往生間違いなし、ということですが、そういうことだと気づくまでの歩みはあるはずです。

田中　真宗の檀家の仏壇には位牌がなくて南無阿弥陀仏だけしか祀られていない。

宮城　その名号《みょうごう》（仏の名）、阿弥陀仏への帰依が一番大事なのだから。

ハレの大切さ

内山　講をつくって山に行くという昔のかたちは衰弱していても、個人として山岳修行に加わる人たちは増えてきていますよね。そのことについてはどんなふうに考えていらっしゃいますか？

田中　これは僕の見方なのだけれど、日本人はハレとケを意識しながら暮らしてきたのだと思うのです。ケは普段の生活ですが、この終わらない日常を過ごしているとだんだん気も衰えてくるし、病気にもなってくる。気が枯れるからケガレてきて、気が病んできて病気になる。ですからそれを克服するにはハレが必要だった。生活の中にときどきハレの日を設ける。ケガレをとる行為をハレという。それが一月元日や三月三日など歳時記中にもあったのですが、ハレの日にケガレがとれる。ケは日常、ハレは非日常であり、ケは俗なる日々でハレは聖なるものだといってもよい。つまり、ときどき聖なるものに触れることによってケガレをおとし、バランスを取り直しながら生きてきた。ところが現代社会では、ハレが失われている。ケの連続になってしまった。都会の人などは日常に疲れ果てている。ですから、無意識のうちにハレがほしくなってきているのです。

山伏修行は無意識のうちに今日《こんにち》のハレとして再認識されてきているのではないかと思います。ハレとケを行き来しながら生きてきた日本人の知恵を具現化する場所をなくしてしまった現代社会が、山での修行に新しい光を当てはじめたと、私は感じています。

宮城　修験だけではなく、聖地を旅するというのも流行ってきていますよね。四国の八十八カ所札所巡りは有名ですが、三十六不動尊霊場会というところのように、いろいろな札所巡礼もおこなわれている。ハレの世界を見つけたい、そこに身を置きたいという思いは、確かに生まれはじめているように思う。それが山でなく平地であっても、聖地と聖地を結ぶ各地の巡礼はハレに向かう道でしょう。心と時間と空間の行の満願というハレの世界です。

話は飛びますが、チベットでガンデン寺の鳥葬場に行ったことがあります。酸素不足のなかでの道のりはきつかったのですが、若いガイドが「近道は絶対ダメです。決められた巡礼道で行きます」と言って、鳥葬場という人生最後のハレの場所に案内してくれました。巡る過程も、ハレにとって大事なのだと改めて感じたのですが、どういう歩みをへてそこに行くのかが、ハレの世界への導きでもある。

田中　面白いのは、いま人々がハレを感じる生き方というのが、最小限の生き方みたいになってきていることです。山伏修行はおにぎりを三個ほどもたされて、一日十何時間と歩く。それだけ歩いているのに、おにぎり三個で十分だということを識る。そういう、削ぎ落とされた生のあり方に、いま人々はハレを感じている。

宮城　昔と比べたらいまはずいぶん豊かな生活をしている。この生活は便利なのかもしれない。しかし、どことなく、心の居心地が悪い。人間にとって本当に必要なものはわずかなもので足りる。ところが近代社会で人間は、必要なものだけなどというわけにはいかない構造のなかに組み入れられている。人々がハレに求めているものは、知足、足るを知るということなんです。山でも最低限必要なものだけをもって修行をする。それで十分だという気づきに豊かさを感じる。心の居心地のいい場所がそこにある。修験の修行は、そういう世界に連れていってくれる。こうした現代に必要なことを、修験者はもっと発信していかないといけないのではないかと思う。

田中　こんなふうにも思っています。現代文明のもとでは、たとえば実践という言葉を使っても、頭のなかで考えることが実践になってしまった。計画をつくるにせよ、問題提起をするにせよ、脳のなかですべてが終わっている。いわば人間の身体性を損なってしまったのです。心と体は一体のもので、脳は心からも外れたコンピュータのようなものですが、その部分だけで終わってしまうと、身体性が損なわれるだけでなく心も閉じ込められてしまう。修験の修行をしていて気づくことは、それまで閉じ込められていた心が解放されていくことです。身体で感じていけるようになると、心も自由になっていく。山伏修行をすると、そういうことを感じる人が多い。そのこともまた現代人を惹きつけはじめている原因なのではないかと思っています。

宮城　まさに「行足」があってこそ「智目」を得られるということです。

田中　知恵の目でみて、行の足で歩く。みていないと歩けないし、みていても足がないと歩けないということなんです。

宮城　修験は行足を大事にしてきた。行足に支えられてこそ、智目も大事にされる。

田中　修験道は、誰もが平等な立場で山伏修行に入ります。たとえば専門的な知識をもったお坊さんの側と何も知らない信者の側の差別がない。山伏修行では修験の僧侶であろうと神主であろうと、一般の参加者であろうと、同じことをする。

宮城　同じものを着て、同じものを食べて、同じ距離を歩く。

田中　修行をしてきた偉い人が信者に救いの手を伸ばすということではなく、すべての人が自然、

宮城泰年（右）と田中利典（左）。京都の聖護院にて。

神仏、真理に救われていく。その救いが行のなかにある。それが修験ですから、すべての人が平等なのです。このかたちはこれからの宗教のあり方を示しているのかもしれないと、僕は思っている。

宮城　僕も、修験が受け継いできたものは、現代人のなかで意味をもつと感じている。受け継がれたもののなかに、新しい価値も活きている。自然と風土と修験者（人々）によって育まれてきた修験が、現代に与える意味は大きいと僕は思っている。

内山　長い時間ありがとうございました。お二人から貴重な時間をいただいて、僕も勉強になりました。

あとがき

内山　節

私が「修験道」という言葉を知ったのは半世紀ほど前のことだった。十代半ばにさしかかった頃で、といっても私は「過去の信仰」としてこの言葉を知ったにすぎない。当時、私の暮らしていた東京では、修験道はその姿をみることのないものになっていた。

それからずいぶん時間がたち、日本の民衆思想や自然信仰などへの関心が高まってくると、その軸に修験道があることを感じるようになってきた。とともに私には「日本仏教史」についての書籍に対する不満があった。この分野の本は、ほぼすべてが教義、教団史なのである。たとえば法然が浄土思想を展開し、弟子の親鸞がそれを深めた。その前には源信が地獄の恐ろしさと阿弥陀如来にすがることの重要性を説いていた。浄土教の展開がはじまり、それは鎌倉新仏教の先駆けとなった。こうして民衆仏教の時代がはじまった――。このような文脈である。

もちろんそれも誤りではない。しかし信仰というものは、その考え方を支持する人々が広範に存在してこそ成立するはずである。そうでなければそれは学僧の仏教、仏教研究者の仏教にしかならない。

私が知りたかったのは、民衆のなかにあったどのような精神が仏教の受容を可能にしていったのかであり、この精神史をみなければ民衆の仏教史はとらえられないということだった。「教義・教団仏教史」ではなく、「民衆仏教史」を私は知りたかったのである。仏教を受け入れていった民衆が主人公にならない「日本仏教史」に私は不満をもっていた。

そういう気持ちをもって仏教史をみていくと、「日本民衆仏教史」の軸に修験道があったように思えてきた。修験道は民衆に寄り添いつづけた信仰であったばかりでなく、その担い手もたえず民衆のなかから生まれてきた。教科書的な「日本仏教史」では古代の日本仏教は国家護持の仏教であり、民衆の生死の世界に仏教が降りていったのは鎌倉仏教が成立してからだということになるのだけれど、修験道は古代から民衆とともに歩んでいる。とすれば、民衆仏教の新しいあり方が鎌倉仏教で提起されたというべきで、その前から民衆仏教は展開していたとみなければならない。だが「日本仏教史」についての本では、修験道はほとんど無視された信仰でしかなかった。

もっとも研究者の立場にたてば、そうなってしまう理由もわからないではない。なぜなら、鼎談でも述べられていたが、修験道は研究の素材になるような文献がないのである。鎌倉以降になれば霊山の縁起なども生まれてくるが、古代だと全く文献がないといってもよい。しかも霊山の縁起も「そういう物語が生まれた」という視点で読むしかないようなもので、それを史実として読むには無理がある。

文献にもとづいて研究する研究者にとっては、修験道は扱いにくい信仰なのである。

修験道への私の関心が高まってくると、それは過去の信仰ではなく、現在もつづく信仰だということもわかってきた。それればかりか自然信仰を軸にして大乗仏教の思想を取り込んだこの思想には、これからの人間のあり方を考える多くのヒントが隠されているようにも感じられてきた。

そんな気持ちをもっていた頃、人づてに田中利典さんから連絡をいただいた。「一度会いたい」というようなことである。当時田中さんは吉野の金峯山寺を総本山とする金峯山修験本宗の執行長をしておられた。田中さんが私の本を読んでくださり、「会ってみたい」と思われた、というようなことである。

私には鴨が葱をしょって連絡してきたようなものだった。修験道は本を読んでいただけではわからないことが一杯ある。そう感じていたときに、役行者と結びつく修験者から連絡をいただいたのである。はじめてお会いしたときから、田中さんとは親しくさせていただいている。

それから一年くらいがたったとき、京都仏教会で講演する機会があった。講演のテーマは戦争をどうとらえるかで、仏教の話ではない。それにこの会合は京都のさまざまな仏教本山の管長とか門主とかが集まってくるもので、その方々を前にして仏教の話をする能力など私にはない。私の専門は西洋哲学である。

だから私は仏教に関わるような話は何もしなかった。ところが講演が終わり席に着くと、一人の僧侶が近づいてきて、「いまの話だけれど、修験のにおいがする」と言われた。私はびっくりした。修験の話など何もしていないのである。その僧侶が天台系の本山修験宗の総本山、聖護院門跡の門主をされている宮城泰年さんだった。こうして私は今日の修験道の中心にいる田中さん、宮城さんと知遇を得ることになり、それは私にとっては実にありがたいことであった。その後、宮城さんとも親しくさせていただいているのはいうまでもない。

といっても現在もなお修験道が正しく伝えられていないことに変わりはない。この状況を少しでも変えたいと、ある日私から田中さんと宮城さんに本書の企画をもちかけた。新潮社の今泉正俊さんがこの企画に加わってくださり、本書の大部分を占める鼎談が実現した。

だが、鼎談から本書の刊行まではかなりの時間がたっている。その原因は私にあって、鼎談が終わったとき、鼎談の原稿整理を私は自分でやろうと考えた。修験道は今日では誰もが知っている信仰ではなくなっているから、自分で整理した方がいいような気分になったのである。さらに鼎談のなかに括弧で説明を入れたり、序章で解説めいたものを入れたりしたために、必要な時間がとれず、作業は予定より大幅に遅れてしまった。にもかかわらず、長い間待っていてくださった田中さん、宮城さん、今泉さんに心から感謝する。

修験道はいま、少しずつ復活しはじめたように思える。近代社会に対するゆき詰まり感が、近代社会によってつぶされかけた修験道に、光を与えはじめたのである。このような時代の変化のなかで本書が刊行できたことをうれしく思っている。

二〇一九年一月

新潮選書

修験道《しゅげんどう》という生《い》き方《かた》

著　者………………宮城泰年《みやぎたいねん》　田中利典《たなかりてん》　内山《うちやま》　節《たかし》

発　行………………2019年3月30日

発行者………………佐藤隆信
発行所………………株式会社新潮社
〒162-8711 東京都新宿区矢来町71
電話　編集部 03-3266-5411
　　　読者係 03-3266-5111
https://www.shinchosha.co.jp
印刷所………………株式会社三秀舎
製本所………………株式会社大進堂

乱丁・落丁本は、ご面倒ですが小社読者係宛お送り下さい。送料小社負担にてお取替えいたします。価格はカバーに表示してあります。

ISBN978-4-10-603837-2 C0314

禅がわかる本　ひろさちや

不可思議なるものの代名詞・禅問答がすんなり分る！　ひろさちや魔術が「要するに」と語り出すとき、あなたはもう禅の懐にいます。本邦初のZEN虎の巻。《新潮選書》

仏教とキリスト教　——どう違うか50のQ&A——　ひろさちや

キリストの愛かホトケの慈悲か。天国と極楽は同じか。輪廻思想と復活思想の違いは？　南無阿弥陀仏とアーメンの意味は……。ユニークで画期的な宗教案内。《新潮選書》

親鸞と日本主義　中島岳志

戦前、親鸞の絶対他力や自然法爾の思想は、国体を正当化する論理として国粋主義者の拠り所となった。近代日本の盲点を衝き、信仰と愛国の危険な蜜月に迫る。《新潮選書》

仏教に学ぶ老い方・死に方　ひろさちや

現代日本人はなぜ老いを恐れるのか？　世間の物差しを捨て、生の意味を見直そう。頑張るな。我儘に生きよ——仏教の説く「老と死」の深い知恵に学ぶ。《新潮選書》

「ひとり」の哲学　山折哲雄

孤独と向き合え！　人は所詮ひとりであると気づいて初めて豊かな生を得ることができる。親鸞、道元、日蓮など鎌倉仏教の先達らに学ぶ、「ひとり」の覚悟。《新潮選書》

「律」に学ぶ生き方の智慧　佐々木閑

日本仏教から失われた律には、生き甲斐を手に入れるためのヒントがある。「本当にやりたいことだけやる人生」を送るため、釈迦が考えた意外な方法とは？《新潮選書》